U0044789

尋找輪迴的密碼

知魚 著

前言

想要講一個關於生命與希望的故事，

獻給我的母親，

以及很多和你一樣的朋友們。

目錄 CONTENTS

楔子

在滿七十歲的一個月後，我結束了將近四十年的工作生涯，從工作單位退休了。回顧逝去的歲月，有些往事，隨著生命的流逝，不但沒有漸行漸遠，在記憶的角落裡卻閃閃發亮，彷如昨日般清晰；而有些年少時努力追求過、肯定過的意義，經過時間的淘洗，卻逐漸模糊起來。在生命如同窗外的夕陽薄暮即將謝幕之際，我想著，我是否找到了一直想要尋找的答案：生命到底是什麼？在肉體死亡後，靈魂會消失，進入永恆的黑暗，意念再也不復存在？還是，死亡只是肉體的更新，我們的意識或靈魂，會如同地平線上落下的夕陽，終將再度升起？那麼，如果，意識與靈魂，有超過肉體的存在，意識的我，到底從哪裡來？我爲什麼會在這裡？我從那裡來？要到那裡去？

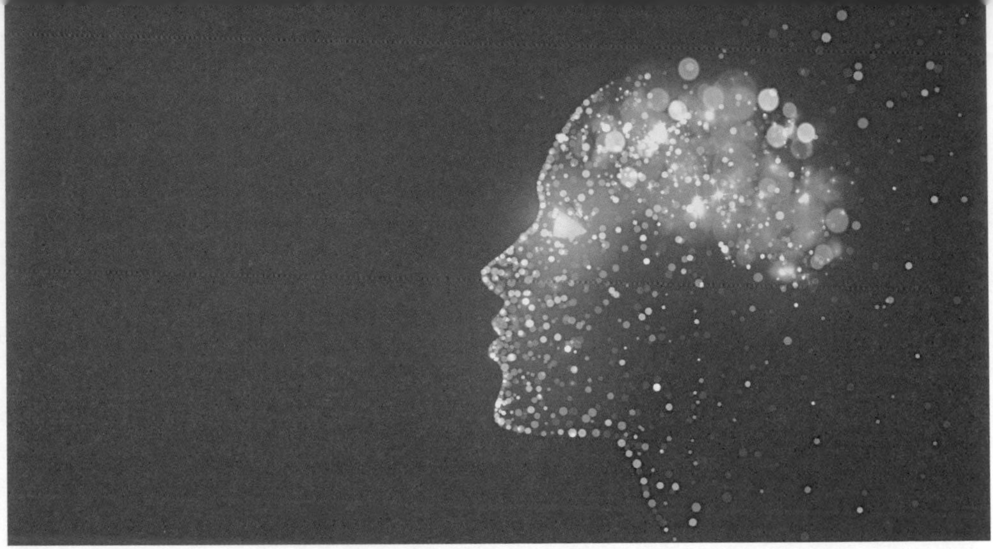

Chapter 1

意識的解碼者

二〇二七年秋末，離聖誕假期只有一個多月的時間了，工作遇到瓶頸，我異常焦慮。

我是一個程式工程師，一個意識的解碼者。今年初，我任職的意識研究中心宣布成功建立了一個人腦與電腦交流的人機介面，將晶片植入人腦，電腦與晶片連接，電腦可以直接接收人腦的訊息，接受人腦發出的指令。這項劃時代的成就震撼了整個科學界，引起輿論界廣泛的關注與討論，它對人類社會，包括科技，道德，法律，政治，軍事等全方位的影響與挑戰，更引起無數的批評與質疑。

這些批評與質疑的聲浪在外界討論的沸沸揚揚之際，意識研究中心內部的計劃還是日復一日，安靜的進行著。事實上，將晶片植入電腦只是意識研究中心許多極具挑戰性的眾多計劃之一。我所屬的「意識解碼」計畫，是由一群腦神經科學家、數學家、物理學家、生物物理學家、生物化學家與電腦程式工程師組成，預期比人機介面的計劃挑戰性更大，衝擊性更高。「意識解碼」計劃，顧名思義，是將代表意識的訊息，轉換爲可以識別的模式，然後再轉換爲可以讀取的電腦語言程式碼。與人機介面的計劃相比，意識解碼對人類未來的影響更深遠，衝擊及爭議更高。人類如果能將轉換爲程式碼的意識儲存在電腦中，這是不是代表意識的永生？意識的永生是否代表生命的永恆？或者，將意識儲存在電腦中，人類就能將意識上傳到機器人腦中；於是，個體是否能將自己的意識上傳到機器人上，創造自己的分身；或者甚至以擁有自己意識的機器人取代或代表自己的存在？由於許多極富爭議性的問題以及對人類未來不可預測的影響，我們的計劃在高度機密下積極地進行著。

我的老闆，查理，解碼計畫的主持人，是一個百分百極度狂熱的意識研究者。一頭銀白凌亂及肩的長髮，戴著特異的紅框眼鏡，不修邊幅，永遠是牛仔褲T恤，講起話來雙臂不斷揮舞，彷彿全身都在用力說話：

「意識是什麼？意識，就好像每個人腦中都有一個正在上映的電影，它有3D立體效果，環繞音響，但是比電影更厲害的是，意識可以聞到味道、可以聽到聲音，有觸覺、有味覺；它可以感知你身體的存在，感到痛、感到餓；它可以有情感，會想哭、會想笑、會愛、會恨、會歡喜、會憤怒、會悲傷；它還有記憶，童年的玩伴、快樂的時光、失去的親人；它還可以學習，像一座不斷成長的圖書館，不斷可以自己升級，擴充記憶體的電腦，而這部不斷放映的意識電影中，你就是這部電影的主角，不斷對週遭的世界感知，產生屬於你自己的主觀意識。」

我是屬於第一批意識研究中心招募的成員。記得剛進中心時，在研究中心的全體大會上，查理慷慨激昂地揮舞雙臂：

「我知道我有我內在的電影正在上演，可是我不能確定我週遭的人，你，或者是他，是不是也有一部內在電影正在上映？你的內在意識的電影劇情是什麼？我們要如何知道別人的意識是否存在？從科學上了解意識的內涵，這就是我們想要解決的問題！」

「我們可以知道腦神經是如何運作的；但是科學上無法証明，經過了這些複雜的腦神經系統，彼此之間產生電流，如何產生了主觀意識？每天早上醒來，我們感覺到我，那個自我意識回來了；當我們睡著了，自我意識就不見了。這個自我意識是什麼？睡著時，我們失去的是什麼？醒來時，我們恢復的意識又是從那裡來？爲甚麼當腦神經元交互作用，產生電子信號和化學反應，就會形成感覺，產生有一個叫做我的意識，一個自我覺知的意識？從古至今，從來沒有任何一個領域，任何一個科學家，可以了解意識是什麼，我們爲什麼會有意識。而我們，意識的解碼者，就是了解意識的拓荒者！我們要做的事，是從來沒有任何科學家做到的事情！我們要用科學證明主觀意識的存在！」

Chapter 2

意識是什麼

意識是什麼，

幾千年來科學家爭論不休，卻始終無法解釋意識到底是什麼。計劃小組每週一次的自由討論，由查理帶領，腦力激盪，鼓勵大家提出問題和不同的想法。大家七嘴八舌，有人提出意識是一連串電子交互作用的結果：

「如果我們的意識是一連串電子信號交流的結果，那電子是不是也有意識？」

「電子靠質量與電荷作用，電子沒有意識。」

「我們能證明電子沒有意識嗎？我們既沒有辦法證明電子有沒有意識，就不能說電子一定沒有意識。」

有人持反對意見，認爲意識是生物體才有的，電子以及其物質不是生命體，所以沒有意識。

「但是，構成我們生命體的，不過是原子分子電子，即使是把器官一一拆解開來，也不過是很多的原子分子。石頭也是很多的原子分子組成的，石頭可能也有意識，電子也可能有意識。」

我提出一個一直以來困擾我的問題：

「我們的感官，自我的認知，是不是僅僅只是大腦神經元作用的結果，一種神經作用產生的幻覺？」

有腦神經專業的同事提出佐證：

「意識眞的存在嗎？意識有沒有可能只是我們的幻覺？最近，英國腦神經科學家——阿尼爾賽斯（Anil Seth）就認爲，並且提出很多實驗證明，意識只是我們的幻覺。我們對外在世界的感知，都是大腦與神經系統處理加工後的結果，持續的幻覺形成我們的意識。」

「可是，就算意識只是大腦與神經系統產生的幻覺，沒有人可以否認這個幻覺的確存在，不是嗎？不然我們也不能坐在這裡討論意識是什麼了。兩千多年前，柏拉圖就論證，肉體跟身體是可以分開的。還有笛卡爾提出的，著名的『我思故我在』，因爲意識存在，肉體才存在。」

當討論進入幾乎是哲學的範疇，查理站到討論室的前方，看著大家提出一個問題：

「意識和肉體可以分開的嗎？」

大家又開始激烈的討論著。

「意識是軟體，而肉體是硬體。軟體沒有硬體的承載，沒有辦法運行；而代表硬體的肉體，若沒軟體的幫助，硬體也只是一堆廢鐵。」

有人提出挑釁的問題：

「蘇格拉底在公元前肆〇三年前，就提出了靈魂或意識，是與肉體分開的，肉體會死亡，而靈魂是可以永生的。意識或靈魂是可以永生的嗎？」

「不，不，不，蘇格拉底錯了。蘇格拉底把意識與身體二元化，對立了；我們已經知道，意識與身體，不是二元的，是一體的，就好像我們舉的電腦軟體與硬體的例子，如果身體死了，神經活動、新陳代謝也就停止，意識也就不存在了。」

「那麼，人死了，靈魂也就消失了？」

「蘇格拉底錯了。現代科學已經證明，人死了，新陳代謝也就停止，意識也就隨之死亡，不存在了。所以這個世界上，不存在永生的靈魂。蘇格拉底的說法是不科學的。」

「不對，不對，意識是軟體，而肉體是硬體的說法也是二元的。重點是，電腦的硬體壞了，軟體雖然不能運作，但是軟體還是存在的。於是，同樣的道理，肉體雖然死亡，靈魂還是有可能存在；意識與身體是一元的還是二元對立，雖然不能說明靈魂永生，也沒有辦法證明靈魂會消失。」

大家爭論不休，於是把問題轉向查理：

「查理，意識和肉體可以分開嗎？意識是不是永生的呢？蘇格拉底錯了嗎？」

查理回答：

「意識是不是僅僅只是大腦的幻覺？意識與肉體是不是可以分開？

人死後，意識是不是存在？靈魂是不是永生？這些問題，我們可能永遠也沒有答案。」

查理頓了一下，環顧大家，清了清嗓子，揮舞著雙臂：

「但是，重點是，我知道我有意識的存在，我若沒有意識，生命只是行屍走肉！我也相當確定在座的個位應該也都有意識，不然，我們的討論根本無法進行。所以，大家應該都同意，意識是存在的。我們要做的是，用科學方法在科學上證明主觀意識的存在！不管意識是否永生，靈魂是否會消失或者永遠存在，都不會改變我們研究價值。透過對意識的了解，對意識進行科學的研究，我們可以幫助很多人，譬如說，植物人，阿滋海默的病人，中風的人，老人痴呆症……。」

有人舉手：

「查理，我們要如何證明意識的存在呢？」

「這是一個好問題！我們知道，腦神經是不斷運作的，腦神經中的細胞無時無刻在交換訊息，產生意識。如果能將意識的訊息成功轉換爲程式碼，並將這些代表意識的程式碼上傳到電腦並儲存，我們就證明了意識的物質存在！我們的目標是，藉由意識的解碼，人類能夠對意識有更深層次，更全面的了解，進而突破目前人工智能在發展意識及認知系統上所面臨的障礙。」

查理的演說，總是振奮人心。每次聽完查理講話，我就好像充飽了氣的飽足的輪胎，感覺自己可以永遠的，不斷的向理想奔馳。於是滿懷信心與昂揚的鬥志，我又回到我的電腦前，重新面對我一年來一直面對的同樣的問題。

註1：Being You：A New Science of Consciousness(Penguin Random House LLC 2021) by Anil Seth

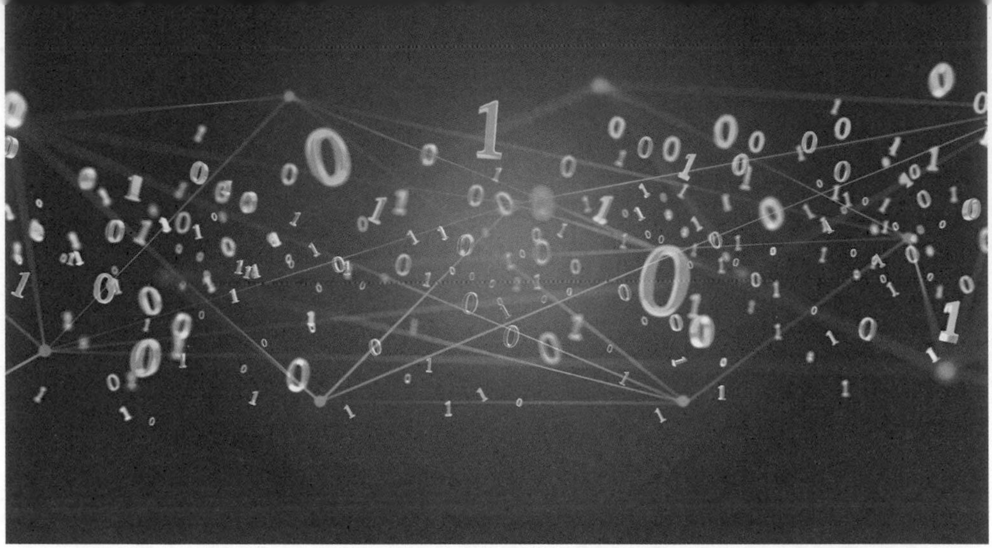

Chapter 3

量子靈魂理論

意識到底是什麼？意識與生命的關係是什麼？而生命到底是什麼？很多人認爲，生命是由細胞、基因、DNA等物質構成的系統，但是生命最核心的東西其實是意識。生命體是由能夠看得見有的物質基礎的身體，加上看不見的意識所組成。但是意識到底是什麼？

意識到底存在在那裡呢？人類是怎麼產生意識的呢？二〇二〇年諾貝爾物理學獎得主羅傑．彭羅斯（Roger Penrose）認爲，大腦裡面的神經元靠著突觸傳遞訊號，每次訊息的傳遞，有許多處於糾纏態的電子；這些電子以量子位元爲單位，處於疊加狀態，允許0和1同時計算。這些電子每坍縮一次就會產生各種思維和思想。這些電子不斷坍塌不斷糾纏產生所謂的意識。但是這些量子坍縮與量子糾纏意識只能在量子系統中存在。羅傑．彭羅斯認爲，一個生命在肉體的生命結束後，意識不會消失，其中的量子訊息也不會被破壞，而是以量子的形態繼續存在，然後重新返回宇宙。

我們研究團隊的研究方向，在查理的代領下，就是以羅傑．彭羅斯的理論爲基礎。我們認爲，靈魂或是意識既然以量子形態存在，我們就能將量子訊息每次坍縮纏的狀態訊息記錄下來，轉換爲可以識別的訊息然後再轉換爲可以讀取的電腦語言程式碼。

註二：The Emperor's New Mind： Concerning Computers， Minds and the Laws of Physics (Oxford Landmark Science 1989) by Roger Penrose

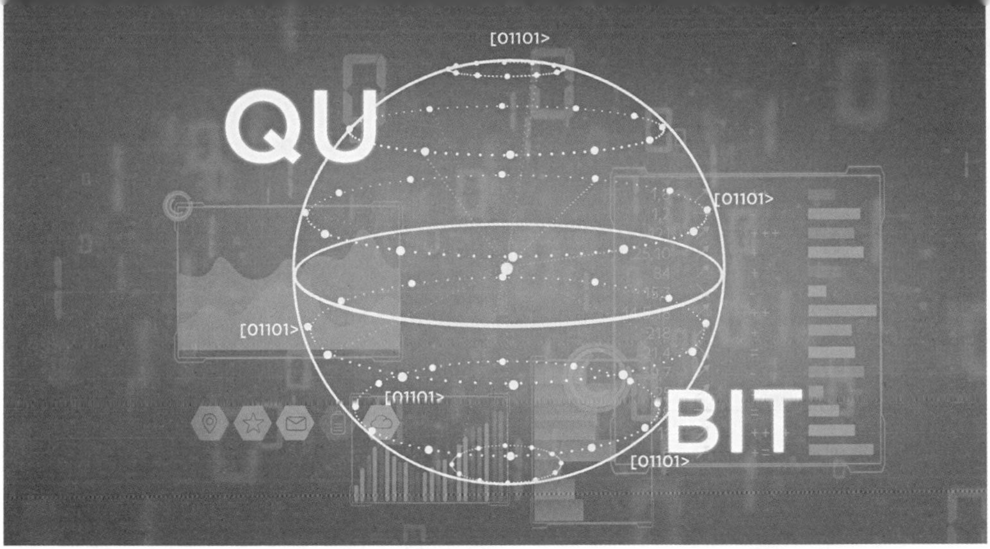

Chapter 4

意識的量子演算

今年年初，在討論年度工作計劃的時候，我向查理提出了我的想法做爲我的年度工作計劃。我提出的計畫是，爲意識解碼，我們可以將將著名的雙狹縫干涉實驗（Double-slit Experiment）進一步推導。觀察者的意識可以改變波函數，不同的意識會產生不同的波函數。如果能夠找到從波函數倒推意識的演算法，不同的波函數可以倒推回不同的意識，記錄下相對於每次意識的波函數，就等於記錄下意識。傳統電腦系統中，一個位元在同一時間，只有0或者是1可以存在，量子電腦中量子信息的計量單位是Q位元（qubit），量子位元可以同時是0和1，兩種狀態同時存在。量子位元的這種特性，更接近人腦意識的運作。雖然量子電腦及運算剛起步，但是，模擬意識的運算機制，傳統電腦無法勝任，我們團隊爲了處理大量的運算，模擬人腦的運作，已經開始使用量子電腦。我想，靠著量子電腦的處理大數據及強大的運算能力，我能夠找到從波函數倒推意識的演算法，並且寫下代表意識的程式碼。

查理認眞地聽了我的想法，非常興奮，揮舞著雙臂，給了我一個大大的擁抱。查理說，太棒了，這是一個値得嘗試，成功率很高的方向，是人類爲解碼意識的第一塊踏腳石！查理積極的爲我聯絡相關部門，架設起可以讀取代表意識的神經脈沖的設備。我興緻勃勃地開始我的工作。每個禮拜和查理的一對一會議上，我們熱切地討論著。查理建議，可以先以我自己的簡單的意識做爲開始，例如，我餓了、我感到高興、我累了、我感覺沮喪等等單一的意念做爲開端，試試看能否爲不同意識產生不同的波函數找到倒推的演算法。

我開始在儀器上記錄自己簡單的意識並進行推導。進行了一段時間，我發現，實際問題要比我想像的複雜多了。大腦裡有一仟億個神經元，神經元和神經元間依靠被稱爲軸突和樹突的連結互相傳遞訊息，形成一個巨大的神經網，這個神經網當中有一仟億乘以一仟億次方的連結。而每秒內又可以產生數以千萬次的連結；每次意識與訊息的傳遞，幾乎都會引起所有的量子產牽量子坍縮，而每一個腦神經元中的量子，又同時與其他一千億的量子產生量子糾纏。處理這些無時無刻不在發生

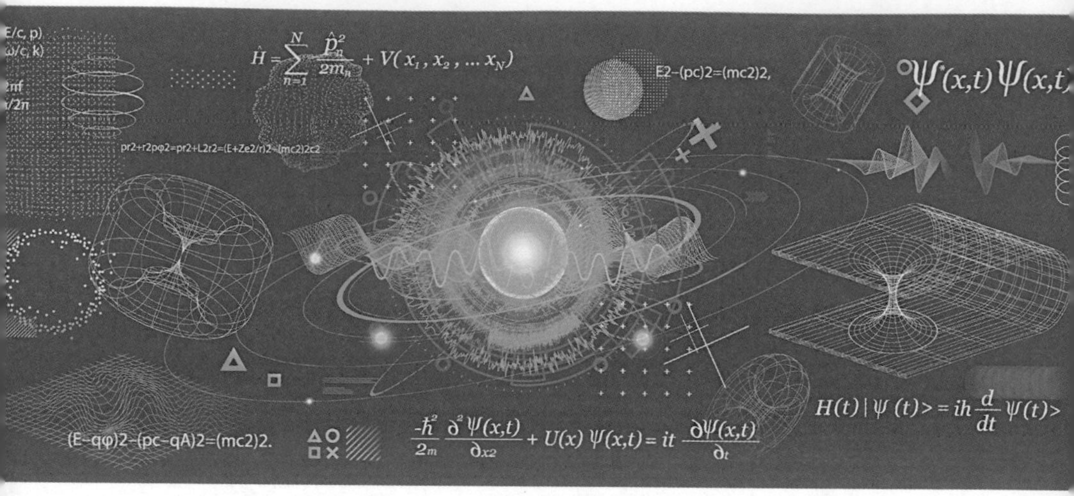

的量子坍縮與量子糾纏，需要極大的電腦運算能力。雖然我們團隊已經開始使用量子電腦，但是受限於量子電腦剛起步，量子電腦與量子運算能力有限，不足以處理腦神經一仟億乘以一仟億次方腦神經元彼此互相作用每秒發生數千萬次不斷坍縮不斷糾纏的有效量能。我也始終找不到，如何運用目前有限的量子電腦的量能，在量子與量子彼此互相影響的退相干現象發生前，正確有效的計算腦神經一仟億乘以一仟億次方腦神經元彼此互相作用每秒發生數千萬次不斷坍縮不斷糾纏的演算法及表達量子波的機制。

我與查理討論我所遇到的計算量能不足的問題，查理也數度提出建議修改模型的方向，看是否能以更有效率的演算法適應計算量能不足的問題。但是無論怎麼努力，我所開展的模型及程式碼還是因爲計算量能的問題而停擺。我面臨的問題，就像要用一九五〇年代IBM第一代電腦做到ChatGTP的演算，根本是不可能的事。阿基米德要撐起地球，也要找到支點與夠長的木棍啊。我很喪氣，我遇到的難題若是目前科技始終無法突破，我可能一輩子也解決不了我想解決的意識的問題。

查理知道我的沮喪，數次和我討論可能方向並給我打氣，但是我知道，他也面臨著團隊需要有可以量化的成績壓力。更致命的是，整個團隊需要以我的初步成果來尋找微觀量了如何從一次次隨機的坍縮回歸到古典物理宏觀世界可控的機制。沒有我的初步成果，團隊的進度也被拖延，眼看這整個團隊今年的研究目標就要無法達成了。

無數次我將我的意識記錄，模擬計算，程式因爲退相干現象與量能的交互限制，無法運算而停下來，我就改進模型，修改程式，再一次模擬計算，重新跑程式；再一次程式又無法運算而停下來；再一次我又修改模型程式，週而復始的修改，重新run，修改；重新run，希望可以將模型適用在目前運算能力較低、尚未成熟、尚未足以控制退相干現象的量子系統運算上。每一次我都失敗了。我失望極了。不斷的嚐試，無數次的失敗、無數的沮喪、數不清的絕望。每一次失敗的測試，我詳細的記錄、檢查，再修改、再運算。我的演算模型，不論如何修正，好像都回到原點。在無數個模型演算失敗，電腦停擺或又回到原點的夜裡，我忍不住的想，若是我出生在未來量子電腦發展已經成熟的年代，或許我的問題就可以迎刃而解了。面對一次次的失敗，我發誓，如果有來生，我的來生一定再做意識研究，解開意識的難題。

Chapter 5

來自未來的訊息

面對無法解決的問題與巨大的工作壓力，好像走在一個看不見盡頭的黑暗隧道，但是爲了不想拖累整個團隊的進度，我還是日以繼夜的工作，希望有所突破。感恩節前的星期五的夜晚，我又一如既往地工作到深夜。實驗室裡空無一人，只有我不斷敲打鍵盤的聲音，像從遙遠的宇宙中的黑洞傳出，伴隨窗外深邃漆黑的夜像永遠無法解開的生命之謎。突然間，電腦傳來新電子郵件的噹的一聲，把我從模型演算程式編碼的世界中拉了出來。週末的深夜，有誰會傳電子郵件？定睛一看，郵件的標題是「來自未來的訊息」，一時之間我無法理解它的意思。再一次細讀電郵的標題，我才真正愣住了；再仔細一看，寄件人的地址是一長串數字、符號、和各種看似方程式的亂碼組合。

「這是怎麼回事？」我心想。

打開郵件，郵件內容並不是亂碼的組合；而是以簡潔的文體書寫：

關雲博士，您好：

我的名字是高惟。我也是一個意識的解碼者，來自公元二一四八年。距離您的年代，相差一百二十一年。

我所在的這個時代，人類根據量子糾纏與量子疊加的理論，已可以將意識的訊息轉換為電腦可以識別的符碼並儲存。我們建立的演算模型及方法，很多是根據妳及妳的團隊所建立的原型，謝謝妳及妳的團隊在意識的解碼上所做的貢獻。

雖然我們對量子的技術與運用在意識解碼上已經有了前所未見的重大突破，對於意識，還是有很多的問題我們沒有答案。我誠摯的希望能夠親自和妳見面。當面向妳——意識解碼的先行者，請教一些問題。我相信，有一些問題，只有妳才能有最好的答案。明天下午二點，實驗室外步道第三號橋旁的樹林，希望能夠見到妳。

高惟敬上

來自未來電子郵件以及來自未來的人？這太難以置信，太不可思議了。是我過度工作身體腦力太過疲憊引發的幻覺？我腦子一片混沌。這是個惡作劇吧！是誰要做這種無聊的惡作劇呢？或是這是一種惡意的駭客攻擊？想要盜取關於意識研究的商業機密？我盯著電腦銀幕，再三讀了無數次這封郵件。我想，是駭客吧？但是，團隊的計劃屬於機密，整個電腦系統是封閉式的，外來駭客不可能進入我們的系統。

已經是深夜了，團隊成員都已回家了，明天星期六，一下子沒有辦法找到團隊成員商量。我坐在空無一人的實驗室中，思索各種可能性。

成長

Chapter 6

自有記憶起，我就對意識充滿了興趣，了解意識如何運作，是我一直設定的努力要達到的目標。好不容易，我拿到了博士，在知名的意識研究中心工作，我已經構思出可以將意識解碼的運算雛型，只要相關的硬體技術可以配合，就可以驗證我的理論模型，我的夢想，好像在咫尺之遙，垂手可得，這對一個科學工作者而言，是一個無法放棄的機會與夢想。

大概八、九歲起吧，我常常一個人坐在客廳前的院子裡胡思亂想，我想的問題是，我爲什麼會是我？我爲什麼不是別人呢？我的身體若是與別人互換，我還會是我嗎？還是我會覺得我是另外一個人？這些想法可能是自我意識的起源吧。不知從何時起，一個景象常常出現在夢境裡——夢中的景象像是平靜古老的鄉村，中間有一棵大樹，樹上開滿紫色的花。樹前站立著兩位女子，從她們的年齡及容貌，無法判斷她們究竟是母女、姊妹、還是朋友。依稀彷彿，這個景象不知道在那裡見過，覺得好熟悉，但是又確切知道這個景象不曾發生過。幼時的我，從來沒有見過開滿紫色花朵的大樹，也沒見過這兩個人；長大的過程中，有時回想起這段夢境，模模糊糊的，似乎感覺，其中一位女子好像就是我自己。

我的父親是船舶機械工程師。幼時，大約六、七歲的時候，父親在工作之餘，常常帶我去看海。從父親辦公室旁邊的一條小徑，大約十分鐘，就可以到達一個寧靜的海邊，跨過大大小小的石頭，還可以到達更遠的海面，從那裡，可以看到水中的光線深處的礁石中色彩鮮豔的魚群。我一，二，三，四，五的數著魚群，想要數清有多少條色彩斑爛的魚。

我問父親：

「有多少魚呢？」

「有無數條魚。」父親說。

「無數條是多少條魚呢？」我問。

「無數條魚就是有無限多條魚的意思。」父親回答。

「無限是什麼？」我繼續問。

「無限就是，無論你有多大的數目，我都可以再加一，那就是無限了！」父親頑皮的對我眨眨眼。

當時只有六、七歲的我，不能理解其中的意思。回到家中，我不放棄，拿出紙筆，寫下我所能想到的最大的數，那是我前一年壓歲錢的數目，1000，把紙交給父親，父親看著我，在紙上的1000旁寫下「+1」，交紙還給我，問我：

「1000+1是多少呢？是不是比1000大？」

我寫下「1001」，再交給父親，父親再寫下「1001+1」，遞給我，

「是多少呢？是不是又比1001大？」

我拿回紙筆，似懂非懂間，又好像領略了一些我原先不知道的事。

父親常因工作常需要出差。一次父親出差了，母親半夜叫醒我，說她夢到父親，父親可能出事了。沒多久，母親接到電話，父親工作的地方，發生機械爆炸，父親在事故中失去意識，已經在送往醫院的途中。我們第二天一大早趕往醫院。母親一路上簌簌地發抖，不停的流淚，年輕的我也不知道該如何安慰母親，車窗外清晨猶自黑暗的天空像是沒有盡頭的夜晚。到了醫院病房，我走向父親的床邊，父親微微睜開眼，父

親雖然失去意識，我從父親眼中好像看到他一貫看著我的慈愛的眼神，眼神中又好像閃過一絲歉意，旋卽他的眼睛又閉上了。

父親在醫院裡昏迷了一個多月。在他無意識的期間，有時我感覺他認識我，有時又覺得他不知道我是誰。一個多月後，父親還是走了。父親走的那天晚上，睡夢中，我感覺到他來到我的床邊，我感覺他輕輕地擁抱了我一下。雖然我眞切的感受到他的擁抱，半夢半醒間，我又隱約知道，這只是我的意識感知的擁抱，感覺到父親是在向我道別，向我說：「對不起，不能在這個世界上再陪你多走一段。」然後他消失了。我醒了過來，在像深夜海洋無垠安靜的夜裡，我的眼淚，靜靜的、一顆一顆的、無聲無息的流了下來。

Chapter 7

走進意識的殿堂

大學畢業後，我出國修習電腦工程。我所在的這所大學，每當夏末秋初，就有一種大樹在陽光下開滿一朵朵紫色的花。我心裡想著，啊！眞漂亮啊！原來眞的有這種曾經在夢裡出現的，開滿紫色花朵的大樹！在一個偶然機會中，同學告訴我這種樹叫做紫檻木。台灣也有，只是由於氣候不同，台灣的紫楹木，花開的少，花期也短，比較不引人著目。

電腦工程研究所博士班研究生數量不少，每人有各自不同的選修課程，同系所在同一堂課的機會不多。博士班二年級時，我選修了一堂神經科學。在一次神經學討論課上，那天課程的形式是先分小組討論，然後每個小組提出小組的結論，再由教授總結。那天討論的主題是：「人工智能否模擬人腦與神經系統，發展出自我認知、意識與經驗嗎？」大部分的小

組成員都認爲，雖然目前對腦神經與認知系統的瞭解仍然有限，但是依人類歷史與科學的發展，許多過去認爲不可思議、不可能的有一天也都會成爲可能。

對於意識的研究，亞歷桑拿州意識研究中心泰斗級地位的大衛．查爾莫斯（David Chalmers）將處理意識的問題分爲容易和困難兩部分；容易的部分是人工智能演算並模擬人的智慧情感；困難問題是製造出與人類一樣眞正能夠可以感知、有感情的人工智能。大部分的小組成員都認爲，雖然目前對腦神經與認知系統的瞭解仍然有限，但是依人類歷史與科學的發展，許多過去認爲不可思議、不可能的有一天也都會成爲可能。我是屬於正向贊成方的，認爲意識研究中大衛．查爾莫斯定義的困難問題，隨著近年來人工智能的發展，困難問題有一天一定能得到解決。我提出麻省理工學院電腦理論研究中心近年致力於圖靈意識機的研發（The Conscious Turing Machine），認爲意識之所以成爲意識，是因爲大腦系統的複雜與龐大；只要我們能製造出夠複雜、夠龐大的系統，我們就能製造出類似的意識。

小組中，只有一個戴著黑框眼鏡，頭髮略長，走路的時候，雙手老喜歡插在褲袋裡耍酷，意氣風發的男同學持不同看法。自我介紹時說他叫皓宇。他認爲，人工智能是邏輯運算，永遠擺脫不了機械化的特點。邏輯運算是決定性的模型，人類的認知、經驗、情感與創造力遠遠超過程式編碼與硬體的極限。他如同發表演說般的，帶點急切的發表自己的看法：

「人類許多藝術甚至科學上的成就，都是透過直覺而產生的，這是任何電腦或人工智能沒有辦法取代的。而且，嘗試將人工智能模擬人腦是一件太危險的嘗試。」

他引Kurt Gödel的理論：

「Kurt Gödel曾經證明，任何邏輯及數學系統都不可能完備；我們發展的人工智能，不可能是完備的。而不完備的人工智能，極有可能引發人類無法控制、無法想像的災難。」

Kurt Gödel是二十世紀初最重要的數理邏輯學家，也是我最崇拜的科學家之一。修神經科學的學生，絕大多數是醫科學生，我很訝異在神經學的討論課程上，有人居然引用Kurt Gödel的理論。我反駁：

「可是，人類本身就不是一個的完備的系統啊。甚至宇宙，也不是一個完備的系統。人類的科學，也一直在運用這些所謂邏輯上不完備的系統，但是也不停的在進步啊！這說明了邏輯上的完備並不是充要條件。重點是，我們不能因爲邏輯上不可能完備，就不去做啊！」

課堂的討論進入到人類是否能建立完備的系統以及完備系統的重要性上，大家七嘴八舌的討論著，紛紛發表自己的看法。我沉思起來，想到Kurt Gödel的理論。這堂課在意猶未盡的熱烈氣氛中結束了。走出教室時，正好和皓宇一起走出教堂，我說：

「你怎麼知道Kurt Gödel？」

自我介紹後，才知道我們同系，都是電腦工程所博士班研究生。

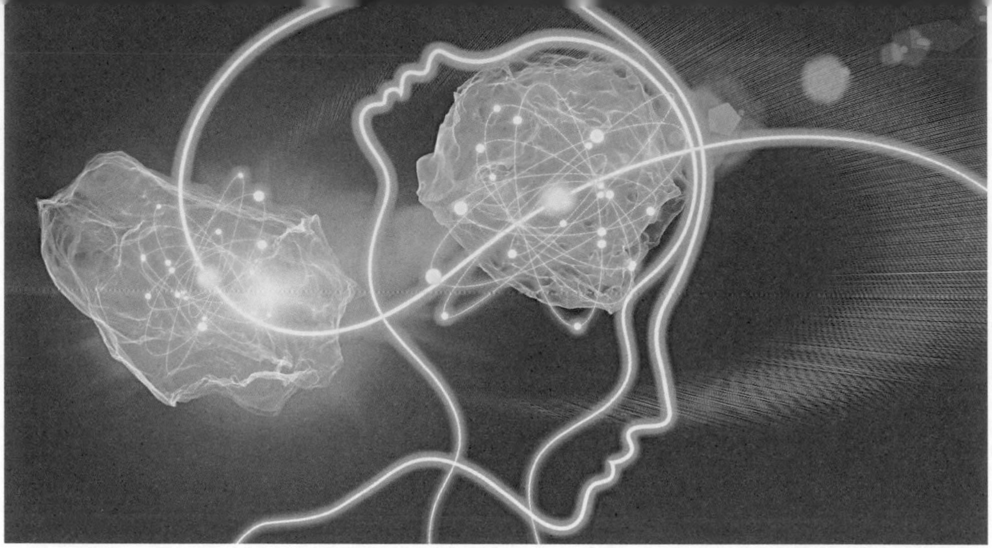

Chapter 8

意識的黑箱

博士班第三年，我參加了一個打坐靜修研習的社團。有一天，我上完課後就去參加靜坐。打完坐後，看到皓宇從前排座位站起來，忽然走到我面前，說：

「我剛剛看到妳了。」

「啊，不知道你也參加打坐，對不起，沒有看到你。」

皓宇又重複一次，說：

「我剛才打坐時看到你了。」

我以爲他指的是在進入打坐靜修的教室之前。我想了一下，打坐之前有一堂課，下課後直接來參加靜坐，有點匆忙。於是我回答：

「下課後就趕來靜坐，匆匆忙忙，不好意思，沒有看到你。」

皓宇說：

「不是，我是說我在打坐中看到你了。」

我沒有會意過來，回答說：

「你打坐中看到我？你不是坐在我前面嗎？」

皓宇說：

「我是說我在閉眼打坐的腦海中看到你了。」

我不太懂他的意思，一時之間說不出話來。我們一起走出靜坐教室，皓宇跟我描述靜坐中見到我的場景。閉眼打坐時，他腦海中遠遠的看到，在一棵開滿紫色花朵的大樹下，是我和另外一位女子，他可以認出我，但不認識另外一位女子，不知道是姊妹還是朋友。皓宇形容那位他不認識的女子，剪著短髮，身材瘦削，中等高度。

我愣住了，這不是和我夢中的場景一樣？其中一個是我，但是另一位女子。怎麼和我夢中出現的也很像呢？我一邊和皓宇在教室的走廊上走著，一邊感覺困惑；那時和皓宇並不熟，那一天我沒有和皓宇提及我的夢境以及也在我夢中出現的開滿紫色花朵的大樹和另一位女子。

在這次的靜坐課後，漸漸的，由於相同的背景，同樣對意識與認知有興趣，彼此關心的問題很類似，我和皓宇漸漸熟悉起來。知道皓宇一直有靜坐的習慣，我向他提起我夢中的景象和他靜坐中見到的場景很類似。我們都很疑惑，討論科學該如何解釋這個現象，但是平時課業繁重，討論後沒有答案，也就淡忘了。

皓宇有一、二次比較神奇的經驗。皓宇的阿公在皓宇高中時過世了。阿公過世沒多久，有一天，皓宇下課回家，看到阿公坐在他最常坐的那張椅子上，皓宇有點嚇到，不知道是不是自己的幻覺，一時間站在那裡說不出話來。然後看見阿公緩緩地站起來，然後突然間消失了。

皓宇回想著：

「人死之後，難道真有靈魂的存在？是阿公的靈魂不願離開？那麼，意識與靈魂，是不是可以脫離肉身而存在？這個意識與靈魂，存在於我們的物質世界嗎？」

皓宇在選修那一堂神經科學後，就不再選修關於意識、生理、醫學等相關課程了。他認爲研究意識上科學是一個錯誤的方向。而我卻始終相信，找到意識的生物及科學基礎是可行的，我認爲人類科技發展至今，對生命與意識的了解極爲有限，研究意識有助於人類對生命進一步了解及反思。對於未來，我想要從事關於意識的研究，做爲博士完成後的終生研究方向。意識的研究，充滿挑戰性、超熱門又極有趣，我嘗試說服皓宇將來一起研究意識。

我對皓宇說：

「將意識的訊息解碼並程式化，是現代科學研究忽略的一個領域。

三十年前，科學界及幾乎完全忽略意識，現在，科學界終於對意識的研究有了起步，羅傑．彭羅斯、大衛．查爾莫斯都是很好的例子啊。人類又有了量子電腦的幫助做爲了解意識的工具，現在，正是科學家開始研究意識的最好時機！再加上，目前醫學對於有關意識方面的疾病幾乎束手無策，了解意識，是幫助植物人，失智或癱瘓的人、老人癡呆、中風患者以及精神病患的唯一途徑啊！」

皓宇卻認爲：

「人類眞正的智慧不來自我們的大腦，而是來自我們的靈魂。就算我們可以寫下意識、寫下數學定律、物理公式、定義意識，我們還是不了解意識、靈魂、感情、自我認知的本質。我們還是無法回答意識是如何產生的，我們不知道它爲何存在。我們不知道它是不是可以以別的方式存在。就好像，我們知道萬有引力的物理作用與數學公式，我們還是不了解萬有引力的本質，這些數學理論與物理公式可以產生萬有引力嗎？同樣的，即使是我們可以找出意識大腦與神經科學的基礎，模擬出運算模型，我們還是無法產生意識。」

在這點上，我很堅持：

「就算我們到最後還是無法產生意識，只要不放棄研究，還是可以一步一步的增加我們對意識的了解。若是放棄了，就不可能進步，也就永遠無法了解意識與生命了。這不就是我們一直追求的科學精神嗎？這不就是追求眞理的過程嗎？就算可能永遠無法了解眞理，在研究的過程中，我們也是一步步趨進眞理。就算到最後還是無法全然了解意識，通過這個過程，人類也可以知道我們了解的限制在那裡，人工智能與人腦、意識的差別到底是甚麼。」

皓宇不以爲然：

「意識產生的過程是一個黑箱。在我們人類對意願、大腦、神經元與生命的了解還不夠之前，貿然進行這樣的計劃妳不覺得很危險嗎？它可能像是一個潘朵拉的盒子，非常有可能引發我們完全無法預料，無法控制的後果。」

我認爲皓宇在這點上太過保守了：

「如果有一天我們眞能將意識解碼，那就代表生命也就只是一行一行的代碼罷了。那又有什麼好恐懼的？如果生命、意識不只是一行行的程式代碼，而是有超過人類理解的事物，那麼人工智能就永遠不可能取代人類，那又有什麼好擔心的？不進行了解，不研究它，怎麼可能有進一步的了解呢？」

每當皓宇堅信自己是對的，說話的速度就會加快，聲音大起來。討論到這裡，皓宇急切地反駁：

「意識是獨立肉體之外的。科學只是探索宇宙人生的一個角度，不是全部。而且科學有它的限度。就算我們眞能透過將意識訊息化、程式化的方法產生意識，我們眞能相信這樣的意識嗎？它會不會是超過我們所能想像，超過人類所能控制的某種東西？」

在這點上，皓宇和我，我們雖然尊重彼此的固執，卻始終是兩條平行線。

在拿到電腦工程博士後，我如願以償的拿到西岸一家很有名的意識研究中心的聘書。皓宇則拿到了東岸一家公司的聘書，研究如何將機器人的動作更完美的模擬人類。日常忙碌的工作，我們選擇在假期時到某個景點一起渡過假期，或者甘脆到歐洲，距他也遠，距離我也遠的地方一起渡假。

Chapter 9

超越時空的相遇

我工作的意識研究中心位於一個郊區小鎮的外圍。四周樹林圍繞，整個意識研究中心只有三棟的低矮的一樓建築，深藏在樹林中，外部看不到任何建築物，樹林四週除了圍籬，還有電子圍籬環繞，一般人即使經過，也不會注意。

接到來自未來的

電子郵件的那天晚上，從實驗室回家後，我徹夜難眠。腦中充滿各種猜測，不斷回想我所知道的關於時光旅行的理論。來自未來的時空旅人？我會看到時光機器嗎？來自未來的時空旅人，會把時光機器停在那裡？時光機器很大也可能很小？二十二世紀什麼樣的科技，可以讓時光機器避過地球的監測系統而不被發現？時光機器在理論上如何突破時空旅行的限制？還是時光機器會停在外太空，時空旅人是經過傳輸通道下未的？如果是這樣時空旅人是否佩戴著各種儀器，按一個按鈕，就會出現在我面前，再按一個按鈕，傳輸系統就會再把他送回太空？

所有關於時光旅行的各種圖像在我腦中不斷浮現，還有各種關於時光旅行的悖論，時光旅行者回到過去不可避免的改變了過去，於是也不可避免的改變了未來，甚至極有可能使這個時光旅行者在未來不再存在。如果這個時光旅行者因爲時光旅行而使他在未來不再存在，那他又如何從時光旅行中回到過去呢？二十二世紀突破了這個時光旅行的悖論嗎？所以他可以來去自如？或是，這個時空旅行者即將改變地球的未來？還是，是我的精神狀態有問題？有精神狀態的人會懷疑自己的精神狀態有問題嗎？

電子郵件說到人類的未來，電子郵件的來自的時代，人類已經成功的解碼意識，這是眞的嗎？它還提到是由於我們團隊的貢獻，這是眞的嗎？我突破了我面前的問題嗎？可是，奇怪，這個問題應該是目前沒有辦法解的問題啊！我是怎麼解這個問題的？它還說有問題要問我？什麼問題？還是這一切都只是我的想像？可是那封電子郵件是千眞萬確的啊。千百個不同的問題在我腦中不斷縈繞，整個晚上的睡眠就這樣報廢了。

皓宇從東岸傳訊息過來，我想，今天發生的事情太超過常理，我決定，在還沒有確定這是不是我自己的幻覺之前，先不要告訴他這件事。我們簡單的聊了一會兒，我說今天還是花了一整天工作，在同樣的問題上，沒有突破。

我貿然赴約，會有危險嗎？我想著。實驗室周圍都有圍籬，一般人根本進不來；實驗室二十四小時都有警衛巡邏，安全性應該沒問題。強大的好奇心終究戰勝了一切顧慮，我決定到時去看看。心中最重要的猜想是，這件事太離奇了，超乎常理，惡作劇的機率極大，應該不會有任何人出現。

第二天一大早天還灰濛濛的，我就起床了。雖然心中有一種聲音，認爲百分之九十九點九九不會有人出現，心中還是忐忑地想著零點零一的可能性。時間在等待與焦急中顯得非常漫長。中午一到，我就迫不及待開車到工作的實驗室。研究中心占地很廣，四週有一條小徑連接成一條大約五公里的環型步道，繞行一圈之後又直接連接到步道進口。平常是同事中午或傍晚散步的地方。環型步道有五座木頭搭建長度約一、二公尺的木橋，跨越山溝或溪流。這條步道我很熟悉。工作遇到難題頭腦陷入混亂時，我會到這條步道上走走，整理思緒。

到達實驗室後，我立刻從實驗室的後門踏上步道，心裡想，就算不會有任何人出現，走走也好，可以緩和我的工作壓力和焦慮的心境。

小徑旁，秋天的樹林沐浴在金黃色的陽光中，沁涼的風撲面而來，風裡有秋天的味道。陽光穿過或金黃或火紅——因爲光線而半透明——的樹葉，迤邐在佈滿落葉的小徑上，每一棵樹似乎都要在冬季開始前全力展現它最迷人的色彩。滿地金黃的落葉，每踩一步，就會傳來一陣沙沙沙的、令人覺得療癒的聲音。這時，我想著，或許我太焦慮了，什麼時候理性科學的我竟然變得神經質。

經過一號橋、二號橋，三號橋出現了。環顧四週，沒有發現任何時光機器的蹤跡。這時我才注意到，三號木橋的樹林中，居然有一棵紫楹花木，開滿了一朵一朵紫色的花！可能由於在樹林深處，溫度較低，這棵紫楹花木，花期似乎晚了些。突然，一個人影從樹林中忽然出現，緩緩向我走來，我感覺我的心臟都快要跳出身體外了。這個人慢慢走進，出乎意料的，我才驚訝地發現，這個人是一位女性！沒有儀器、天線、頭盔、按鈕，穿著黑色帽T、牛仔褲，看來與一般人並無二致，年紀像是三十多歲。

女子漸漸走進，她剪著短髮，身材瘦削，中等高度，膚色白晰，有一種冷靜而令人感到舒服的氣質。我有一種強烈的熟悉感，和一種奇異的、可以信任這位女性的直覺，我不知道這種強烈的信任感與熟悉感是那裡來的。突然一個念頭在我腦中閃過，她不就是曾經常常出現在我夢中，紫楹木下的那位女子嗎？我不禁發出「啊」的一聲驚呼，驚

訝的不知所以，這時一隻松鼠突然竄出來，又一溜煙的跑走了；我被松鼠嚇了一跳，踢到一個樹根，腳下一陣踉蹌，幾乎跌倒，女子直覺反應式的，向前踏一步，伸出手想要扶我，又不知爲什麼的縮回去了。幾乎在同時，這位女子，輕輕掩嘴，也發出「啊」的驚嘆，我們一時間都說不出話來。

我穩住腳步，呼吸有些急促，喘了好幾口氣，好不容易才鎮定下來：

「我是關雲，妳是高惟嗎？依妳的電子郵件所說，妳是時空旅人？來自未來？」

這位女子好像還在看到我的驚嚇中，停了一會兒才恢復鎮定，說道：

「我是高惟。雖然我來自未來，但是在我來自的時代，我們也並未能夠突破時空旅行的限制。因爲人類的身體構造，基因分裂的速度，壽命長短等生理條件，難以突破時空旅行的限制。」

我稍微鬆了一口氣，至少我可以聽懂她的語言，我說：

「幸好我至少可以聽懂妳的語言。」

但是她不是來自未來嗎？我懷疑的問：

「妳是說妳並不是來自未來？妳的電子郵件，不是說來自未來嗎？」

高惟這時恢復了她看來極爲冷靜的氣質，慢慢地說著：

「我是來自未來。只是並非肉體的時空旅行，而是意識的時空穿越。」

一時之間，我沒有辦法了解她話中的意思。意識的時空穿越？她的意思是說，意識可以脫離肉體，還可以穿越時空？

高惟好像可以知道我腦中想問的問題：

「意識的時空穿越，可以不受身體的限制。我的意識，穿越時空來到妳的時代，而妳的意識，感覺到我的存在。」

她向我伸出手：

「你可以試試看，我是否存在。」

充滿著疑惑，我慢慢把手伸出，先是用指尖輕輕點著她的手臂，在指尖與她的黑色帽T接觸的剎那，我感覺我的指尖並沒有接觸到任何物質，我將手繼續往前伸，只見我的手似乎穿過了她的身體。我腦子裡閃過一個疑問，這是不是類似有特異體質的人，感覺到靈體的存在？

高惟收回了她僅在我意識中存在的手，繼續說著：

「是的。我們的時代，已經證明了羅傑．彭羅斯的理論。生命在隕落後，意識不會消失而是回到宇宙。有些意識不願離開這個時空，就以量子的形態游離在這個時空中，那就是靈魂或靈體。」

太難以相信了。意識是量子態，與身體是分開的！我強迫我因爲驚嚇而幾乎停止活動的大腦重新開始思考，然後問：

「妳的意思是，意識是與身體分離的，人死後意識不會消失？」

高惟回答：

「是的，意識在肉體的生命結束後，不會消失，其中的量子訊息也不會被破壞，而是以量子的形態繼續存在，重新返回宇宙。我們這個時代，可以將代表意識的波函數，轉換爲量子態。所以，妳所感覺到的『我』，並不是生命隕落後游離的靈魂，而是『我』的意識的量子態。」

四周靜悄悄的樹林中，只有我腳下不安的樹葉，發出沙沙的聲響，而高惟腳下的樹葉，卻悄然無聲。我愣愣的看著她，完全說不出話來。

Chapter 10

意識的符碼與輪迴

高惟頓了一下，好像在想著如何才可以解釋得清楚：

「當意識以量子的形態存在，就可以脫離肉體穿越時空。問題在於，要如何掌握這個過程，不致出錯。保持意識的量子態穩定，並不容易。量子態出現不穩定時，是很危險的。我們也還不清楚，當意識的量子態出現不穩定時，會出現甚麼狀況。」

這時我發現，我們的交談，與其說是交談，其實是意念的溝通，高惟每次都知道我腦中的想法或問題，了解我的感受。奇異的心意相連接的感覺，像是一種電流，在安靜的空氣中流淌著。我看不見，也摸不著，但是卻眞眞實實感覺到它的存在。像是宿世的知己，完完全全的心意相通、互相了解。一種無法形容的感受，讓人想放下俗世的一切，促膝秉燭長談。我原有的驚嚇，在不知不覺中，已經消失了，取而代之的，是一種完全的信任與從容。

高惟感覺到我的感受，冷靜的臉上露出微微的笑意：

「是啊。酒逢知己千杯少，會須一飲三百杯的感覺，大概莫非如此吧。」

我們都沉默了一會兒，似乎是享受這種奇異的感覺。高惟繼續說道：

「意識與意識，在近距離時，很容易感覺到彼此的存在。但是，超越時間與空間的意識感知，難度就大多了。必須在意識與意識間，有某種連結。可以把它理解為，這是某種形式的量子糾纏。」

「妳的意思是，我的意識和妳的意識有某種特殊的連結？」

高惟又頓了一會兒，我感覺她的目光看著我：

「在意識轉換成的符號碼中，我發現每一個意識都有一段獨特的、惟一的符號碼，這段獨特的，神祕的符號碼，每一個人都不一樣。我嘗試了解這個符號碼，猜測它像是網際網路（WWW）網址（IP address）的符號碼，每一個網站有一個僅有的，獨特的網址。這個僅有的、惟一的獨特的符號碼，就像是每個人的指紋、每一個人的DNA，也好像是像每一個人的身分證字號一樣，每一個個體的意識，都有屬於自己的、獨特的符號碼。就像DNA是每個人生命的獨特密碼，每一個人的意識也有獨特的密碼。」

我想著，那麼，我也有一個獨特的，惟一的意識符碼。高惟是怎麼知道我的意識符碼？我接著問：

「我也有一個意識符碼？妳找到我的意識符碼？」

高惟回答我腦中的問題：

「我們盡可能保留，所有早期妳們建立的所有檔案及原始碼。研究中，爲了解決問題，我常在系統中搜尋答案。有一次，搜尋的過程中，在你們建立的原始碼中，我發現與我的意識符號碼完全吻合的意識符碼。」

高惟繼續解釋：

「但是，問題是，意識符碼是唯一的，每一個人應該都有獨特的符碼。爲什麼會有一個與我一樣的意識符碼，在一百多年前的原始碼中出現？這件事不合理。難道是我們的理論有錯？我找了許多關於這些原始碼及理論模型的相關資料，了解到這些模型及原始碼，應該出自妳及妳的團隊。我花了很多時間進一步搜尋，發現這一段與我的意識符號碼完全一樣的意識符碼，是妳在做意識解碼的工作時留下來的，也就是說，這一段與我的意識符碼相同的符號碼，是妳的，屬於妳的獨特符號碼。」

我聽著高惟的解釋，心裡想，哦，我們的檔案資料及原始碼大部分都儲存在雲端的數據庫，高惟找到許多關於這些原始碼及理論模型的相關資料，這好像也合理。可是我還是不懂，為什麼會有我的意識符碼？如果意識符碼真的如高惟所說，是每一個人獨特的意識符碼，問題是，我不知道有意識符碼的存在，我又怎麼可能把我的意識符碼存下來呢？

高惟知道我的問題，接著說：

「在解碼的過程中，我們有時會採用妳們早期的原始碼，做為分析用。例如：同樣的意識經過時間是不是有可能轉變等等。在妳們早期的原始碼中，有一些片段的、零碎的意識的程式碼，例如：饑餓、高興、疲倦等。任何意識的訊息，即使是零碎的、片段的，也都會有那段屬於每一個人的、特有的符碼連接。很多這些片段的意識程式碼，都有一樣的身分符碼，經過比對，我知道那些身分符碼是屬於妳的。」

我仔細想，突然恍然大悟：

「啊！可能是我經常記錄自己的意識，用我自己的意識做爲原始數據。我用的應該都是極簡單的意念，例如：我餓了、我感覺疲倦、我感覺沮喪等。」

高惟歎了一口氣，接著說：

「應該是這樣。妳無意之間把屬於妳的意識符碼紀錄下來了。但是，我的問題是，爲甚麼一百多年前——在我出生之前——意識的原始碼中，會有和我完全吻合的意識身分符碼出現？就好像沒有任何兩個人的指紋是完全相同的道理一樣，沒有人應該有相同的意識符碼。這個問題一直困擾我。如果個人的意識符碼有可能重複，我們所建立的關於意識的理論、演算法及程式就要全部推翻了。我進一步在廣大的數據庫中搜尋關於妳的資料，發覺我們在個性、思維、興趣都有很多相像的地方。」

高惟解釋的同時，那種無法補捉的奇異的感覺越來越強烈，那種奇異的感覺超過文字所能形容，也超過我的經驗範圍。莫名的熟悉感，莫名的信任，夢中開滿紫色花朵的紫檻木下有兩個人，一個是我，一個是她。

高惟這時的思路好像也緩慢下來，她的口氣像夢境一樣的不眞實：

「也許是好奇心，也可能是我所接受的科學訓練，強烈的驅使我必須要找到這個問題的答案。我有了一個瘋狂的假設，難道輪迴眞的存在？若是這個神秘的符號碼，眞的是如我所猜測的，屬於每一個人特有的符號碼。那麼，這段出現在封存的檔案中的神秘的，與我的意識符碼一樣的符號碼，應該是我前世的記錄。我想到羅傑·彭羅斯的量子靈魂理論——羅傑．彭羅斯認爲，人死後，靈魂會以量子的形態回到宇宙中——這個概念，其實與輪迴極其相似。人類的靈魂，若是以量子的形式存在，而肉體是量子態靈魂的載體。那麼在肉體死亡後，就有可能移轉到新的生命載體。我想，也許輪迴是眞的，輪迴可能是量子形態的靈魂，以某種方式從宇宙中回到做爲載體的肉體。而肉體死亡後，意識返回宇宙，個體累世的記憶、經驗、思維、感情，透過這個符號碼連結起來。」

高惟的視線凝望向遠方：

「我於是假設，我是妳意念的再生？或者說，輪迴？」

事情轉變得太快，我喘不過氣來，我盡量讓自己冷靜下來。異常的熟悉感，同樣對意識的研究有興趣，同樣的意識符號碼，思緒好像有閃電霹靂般擊中了我，我深深地吸了一口氣，喃喃地說：

「再生？輪迴？我不懂妳的意思。」

儘管高惟冷靜從容的外表看來極爲淡定，這時候，我也感覺到她內心的波瀾，她慢慢的，口氣和緩而堅定說：

「正確的說，我是妳意識的輪迴轉世。」

沒有任何語言可以描述我的震撼。一瞬間，我所受的科學訓練建立起的銅牆鐵壁在我面前倒下。我一直追求，一直夢想將意識解碼，但是意識的符碼，以及輪迴的意識以這樣的形式出現，還是完完全全超出我的想像。我覺得頭暈目眩，光影，樹葉，樹葉的沙沙聲，風吹過我的臉龐，好像都不是眞實的。

高惟說著：

「在知道了妳的存在以及我的有關意識與輪迴的想法後，我瘋狂的想要證明我的想法。想了很久，我覺得惟一可以證明我的方式是找到妳現世的意識。若能找到妳，和妳接觸，溝通，或許就知道我前世的意識，輪迴是不是存在了。」

高惟停頓下來，然後說：

「我花了一些時間，我在妳的原有的模型上，加上量子糾纏的演算，透過我們相同的意識符號碼，我找到了讓妳的意識感覺到我的意識的運算法，我可以和妳的意識產生連結。於是我找到了妳。」

有一個短暫時刻，她陷入沉思，接著說道：

「妳喜歡紫楹木嗎？我的夢中，經常有一棵開滿了一朵朵紫色花的紫楹木；樹下，有兩個人，一個是我，另一個人，今天看到妳，才知道，另一個是妳。」

我喃喃地說著：

「是的，我的夢中也有一棵開滿了一朵朵紫色花的紫楹木；樹下，有兩個人，一個是我，另一個應該是妳。」

世界在偶然和因緣之中，是不是有不可知的必然性？我想到了皓宇：

「我的朋友，他叫皓宇。他的夢中，也有一棵開滿了一朵朵紫色花的紫楹木。」

我和高惟的意念迅速的交換著，她凝神看著我，眼神迷濛起來，視線飄向遠方：

「喔，在這個時代他叫皓宇？」

這時，遠處傳來樹葉沙沙的聲音，似乎有人走進。高惟告訴我，她必須走了：

「如同時空旅行一樣，雖然我只出現在妳的意識中，但是我無法百分之百確定，我們的意念，會不會被他人的意識所感知，或是影響到他人的意念，使意識產生不穩定狀態。太多人的意識，或是我所不熟知的意識互相干擾，會使我的意識的量子態極不穩定，超過我可以控制的範圍，是很危險的。但是眞正會出現什麼樣的狀態或危險，我也還不清楚。」

高惟看向遠處，似乎有人正走進，傳來樹葉沙沙的聲音方向：

「我不能冒著意識不穩定的風險，如果未來的人可能感覺到我的意識，有可能引起的不必要的麻煩。我必須走了。但是我想要釐清的問題，關於意識的輪迴，還有一些問題我沒有解決。我們能不能明天再碰面？」

這時我也意識到她的著急。但是我也還有許多許多問題想要問她，關於意識、關於輪迴轉世、關於未來，太多太多問題了。高惟提到我及我的團隊突破了意識解碼的難題，她一定知道我們是如何突破現有科技的屏障。想要問她的意念很快的飄過腦海：

「可以在實驗室碰面嗎？」

腦海裡傳來高惟的回答：

「我的意識，是一群不斷坍塌不斷糾纏的量子態及量子波，沒有肉體支撐的意識量子態，也會處於相對不穩定的狀態。實驗室的許多電子系統所含的電子，會與我——處於不穩定狀態的意識量子——產生量子去相干現象。量子去相干現象使電子與量子意識互相干擾交互作用，會使得我意識的量子特性逐漸消失。意識的量子態消失到底會發生什麼事，是不是會導致意識完全消失，我們也不知道。明天我們還是在這個三號橋旁的紫楹木下見面好了。」

見面是一個不正確的描述，其實，只是我和高惟意念的溝通而已。高惟很快的消失了。或更正確的說，從我的意念中消失了。

實驗室的守衛在小徑的另一頭出現。原來是傍晚的例行巡邏。守衛看到是我，點頭打招呼後，守衛就沿著小徑離開了。

31乘以3617

Chapter 11

回到家中，我的思緒混亂極了。我想到我的工作、我的研究，我想要問高惟很多問題，但是又不知道會不會像時空旅行的悖論一樣，對未來發生不可逆的影響。

一夜幾乎無眠。

第二天一大早，我就離開家去了實驗室。我把我所有的程式碼，模型仔細看了一遍，想了該問高惟什麼問題。中午簡單的吃了實驗室販賣機的洋芋片配咖啡，就來到了樹林裡的三號橋邊。午後秋天的陽光一如昨日般醉人，沁涼的空氣中混雜著樹葉的芳香，只是時間一秒一秒的過去了，高惟沒有出現。爲了怕手機的電波可能影響高惟的出現，我把手機關了。我數著樹上枯黃的樹葉，一片片隨著風旋轉著飄落到地面。下午過去了，陽光消失了，樹林中越來越暗，空氣越來越冷，高惟始終沒有出現。我疲倦失望又迷惑的回到家。難道，昨天發生的一切只是我的幻覺？

把手機打開，皓宇打過電話又留了幾次簡訊，問我整天手機關機是怎樣回事。我簡短的回簡訊說工作遇到瓶頸，忘了開手機。皓宇很擔心。我搪塞的說，問題有點複雜。今天太累了，我想休息了。

星期一上班，我向查理及團隊報告了我收到的奇特的來自未來的電子郵件，以及我整個週末的經歷。工作團隊對於我的敘述，抱持高度懷疑的態度，對於那封來自未來的電子郵件，團隊也找不出合理的解釋，只能先請技術部門調查。整體事件，團隊基本上認爲由於工作壓力過大所引起的幻覺。查理認爲我的精神狀態短時間內不適合工作，建議我先休息一段時間並約詢精神及心理咨商，接受治療。我接受了查理的建議，決定請假休息一段時間。由於牽涉到工作上的相關機密，我只向皓宇說，工作太累了，需要休息一陣子。和皓宇商量後，我們決定，皓宇在感恩假期時從東岸過來與我會面，我們就在家中渡過感恩節，取消原先計劃的假期旅行。

兩天過去了，不知道爲什麼，我一直感到心神不寧。很難說服自己關於高惟的出現，以及與她的對話都是我自己的幻覺，但是一切好像清晨迷濛的曉霧，消失的無影無蹤，沒有任何痕跡。我一直嘗試說服自己，這一切都是工作太過疲勞產生的幻覺，我應該徹底好好休息一陣子。那封電子郵件，團隊說目前雖還找不到確切的證據，但是極有可能是出自內部人員，目前還在查證中。

感恩節前夕，我開車到機場接皓宇。到處充滿了濃濃的過節氣氛。機場喧囂嘈雜，與安靜隔絕的實驗室天壤之別。機場擠滿了迫不急待回家或趕著渡假的人潮。喧囂的氣氛，把我從過去一個禮拜的沮喪、不安與焦慮情緒中拉回人間。皓宇的航班受到假期人潮的影響，延遲了三個小時。但是，受到節日假期人潮歡樂氣氛的感染，我不覺得不耐煩，在繁忙的人群中等待，反而覺得心情總算比較輕鬆愉悅起來。看見皓宇一如往昔的，黑色的背包背在肩上，雙手插在褲袋

裡，從遠處緩緩走來，一種踏實溫暖的感覺浮上心頭，連日的困頓焦慮彷彿一掃而空。

從機場回家的路上，我和皓宇順道去買了一個南瓜派，我已經預定了感恩節烤火雞。回家的途中，我說著南瓜派、檸檬派、火雞以及感恩節的計畫，但是皓宇卻比平常沉默，顯得有些心事重重。

我問皓宇：

「怎麼了？有沒有身體不舒服？」

皓宇看來有些疲倦：

「應該沒有。只是一路人很多，轉機的時間有點長加上班機延遲，可能有點累了。」

第二天一早，咖啡的香氣充滿在秋日清晨冷冽的空氣中，香氣經過味覺神經傳導到大腦，再由大腦發出指令，產生愉悅的感覺，我深呼吸一口早晨新鮮的空氣，告訴自己一切都將好轉，我可以很快回到工作崗位。

皓宇看起來有些坐立不安。他倒了一杯剛泡好的咖啡，撒了巧克力粉，先是沉默著，然後問我，相不相信夢境？我想起多年前，父親出現在我的夢裡——那是很久很久以前的往事了。我不在意的回答，佛洛依德的理論應該是正確的吧。日有所思，夢境是潛意識的反射。

皓宇略顯遲疑，接著說：

「記不記得我們曾經提到過的，在妳的夢裡，也在我的夢裡都曾經出現過的紫楹木？還有樹下的兩位女子？」

我立刻想到高惟。高惟提到，她的夢境裡也曾出現過紫楹木，樹下也有兩個女子，一個是她，一個是我。不安與焦慮像是黑夜裡躲在門後的暗影，突然出現在我的身前。我感覺極度不安，不知道該如何回答。

皓宇沒有意識到我的安靜，逕自接著說：

「很奇怪，在我來的前幾天的晚上開始，我又夢到了那種開滿花的紫楹木。這次，只有一個女性，沒有看到妳。我的直覺告訴我，這位女子，和我在靜坐中看到的另一個女子，是同一個人。」

我心裡一驚，念頭在我腦海閃過，直覺告訴我這是高惟：

「她長什麼樣子？」

皓宇回答，穿著黑色帽T、牛仔褲、短頭髮，氣質看起來很沉靜。

啊，我的直覺告訴我，這是高惟！高惟出現在皓宇的夢中，這是怎麼回事？不久前，我才好不容易說服自己，高惟的出現，不過是自己的想像。」

我有點吃驚：

「噢，奇怪，夢裡發生了什麼？」

皓宇回答：

「倒也沒有發生什麼事，只是開滿花的紫楹木和那位女子。比較奇怪的是，連續好幾天，都是同樣的夢境。」

皓宇停下來，喝了一口咖啡，然後說：

「昨天晚上，我又夢到了那位女子。」

我差點嗆到咖啡，咳了好幾聲，才能發出聲音：

「啊，啊，奇怪，爲什麼？」

皓宇接著說：

「這次的夢，和前幾天的不同了，沒有開滿花的紫楹木。夢境中是深灰色的天空一望無際，滿天黑色的風沙，無窮無盡，看不到盡頭。漫無邊際的風沙中，這位女子緩緩從遠處出現，然後慢慢飄進，看不清楚，但是隱隱約約，好像很焦急，很無助，然後又消失了。

高惟顯得很很焦急，很無助？意識中的她，看起來總是那冷靜從容。發生了什麼事在她身上？我心裡有很著急，但是又不想表現出來。我不知道該說什麼，也不知道該不該告訴皓宇關於高惟的事。要怎麼說呢？是我工作壓力過大引起的想像？還是我其實覺得確有其事？皓宇會不會覺得是我自己神經質？

我強自鎮靜，對皓宇說：

「聽起來是一個惡夢，滿嚇人的。」

皓宇也說：

「眞的很奇怪，連續好幾天，都夢到同一個人，前幾天是一樣，有紫楹花木的夢境，昨天來到這裡，夢中的景像不一樣了。但卻還是曾經在夢中出現過的同樣的人，不知道是不是什麼事？不知道爲什麼？」

這時門鈴響了，原來是預定的感恩節火雞餐及南瓜派送來了。拿進屋內，室內頓時充滿了食物的香氣，整隻烤好的火雞看來十分誘人，如同以往的感恩節，皓宇的任務是切火雞。在準備感恩節火雞大餐的興奮及忙碌中，皓宇暫時忘記了他的夢境。我雖然心裡還是感到惴惴不安，但也只能告訴自己，只是皓宇的夢境罷了，強迫自己不要擔心。

感恩節假期的第二天早上，我醒來時，皓宇已經起床了。他看著睡眼惺忪的我，迫不及待的說：

「我又夢到同一個人了，和前幾個晚上夢到的是同一個人。但是這次，整個晚上，不停的在做夢，斷斷續續，不停的做夢。」

我覺得很不安。看來高惟應該是出事了。我按下自己的驚慌，對皓宇說：

「都是同一個人？這次夢境不一樣嗎？」

皓宇頭微微仰起，回憶他的夢境：

「背景和昨天一樣，還是灰濛濛的天地，滿天風沙，然後女子出現了。同樣的夢境，夢了好幾次。但是這次好像，女子的表情不太一樣了，眼睛住視著我，好像是要告訴我甚麼事。」

我問：

「斷斷續續不斷的做夢，每次都一樣嗎？」

「基本上背景都是相同的。昏暗的天空中，不停有閃電出現。但是很奇怪，閃電的形狀，好像是數字。」

「數字？閃電的形狀出現數字？什麼數字？」

「夢境重複出現，都一樣，兩個數字一直不斷重複出現。所以這兩個數字我記得很清楚，一個是31，一個是3617。

31？3617？爲甚麼是這兩個數字？這兩個數字難道有什麼特殊涵義？太奇怪了。

沉默了一會兒。我們兩個都在想。皓宇說：

「奇怪，這兩個數都是質數，是有什麼意義嗎？」

皓宇提醒了我，這兩個數都是質數。質數固然比較特殊，可是又能代表什麼呢？我們繼續討論，咖啡喝完了，又重新泡，新泡的咖啡喝到涼，又繼續泡，然後又涼了，來來回回，我們還是得不到夢境還有這兩個數字的意義。

突然，皓宇拿出手機說：

「我好像有點想法了。這兩個數都是質數，是不是RSA加密數字的概念？這兩個數字相乘，是多少？」

皓宇在手機上的計算機上，打上31乘以3617，然後問我：

「112127，這個數字，對妳有甚麼意義嗎？」

我盯著這個數字看，112127，好像很熟悉，但是想不起來爲甚麼熟悉。

我想換一個話題，不要再觸及高惟是不是存在或是只是我的幻想的糾結：

「這兩個數字，或是這兩個數字相乘，未必有任何意義。夢中的事情，反正也搞不懂。」

看得出來，皓宇不想放棄，但是他也想不出來這些數字代表甚麼，其餘一整天悶悶不樂。

那天晚上，我也惡夢連連。夢中我也見到高惟了。夢中的她顯得很疲倦而且慌亂，我感覺她需要我的幫助。

Chapter 12

時空的陷阱

感恩節假期的第三天早上。我起來後，皓宇已經起來了，端著咖啡，冷冷的看著我：

「我又夢到同一個人了。這次，我可以感覺到她對我說話。我的意識可以感知。我不確定我有沒有誤解她的意思，她要我和妳說，她不是故意失約的，她說她掉在循環的時間裡，無法和妳聯絡。」

我覺得額頭緩緩的冒出汗來。強自鎮靜，按下自己的驚慌，我對皓宇說：

「循環的時空？循環的時空是什麼意思？」

皓宇看著我的驚慌失措，有些牛氣、有些焦急，不自覺的聲音大了起來：

「關雲，一定有什麼事發生了。直覺告訴我，有什麼事發生了。關雲，妳必須要告訴我發生了什麼事。」

我很慌亂，心神不寧，咖啡杯掉到地上，灑了一地深褐色的咖啡。

這時，我告訴皓宇，昨天晚上，我也夢到高惟了。

皓宇問：

「高惟？妳是說她叫高惟？妳認識她？」

我一邊思緒轉著，一邊問：

「你說她掉在無限循環的時空裡？你知道是怎麼一回事嗎？」

皓宇皺著眉頭說：

「夢中的事情記不清楚，也不是很確定。她提到演算法或模型可能的失誤？這是什麼意思？她說，我和你或許可以幫她。」

我很疑惑：

「陷在無限循環的時空輪迴？我不懂是什麼意思。」

皓宇回答：

「我也不懂。」

皓宇又再對著我說：

「關雲，妳必須要告訴我發生了什麼事。」

告訴皓宇關於高惟就一定會觸及我的工作內容。但是我的工作內容是機密的範疇，我猶豫了。但是夢中的高惟，疲倦慌亂而無助，直覺告訴我，高惟應該出事了。時空的陷阱？聽起來很嚴重而且匪夷所思。

我坐著不動，皓宇很生氣的看著我，還威脅我若不告訴他到底是什麼事，他馬上坐飛機回東岸。考慮了很久，我想救人比我的工作機密更重要。我簡單的告訴皓宇我的工作內容，我們如何以羅傑·彭羅斯的理論爲基礎，將以靈魂或是意識的量子形態，計算量子訊息每次坍縮糾纏的狀態訊息然後回推這些訊息所代表的意識。我告訴皓宇我們目前的進展及瓶頸，前幾個禮拜我收到的那封來自未來的電子郵件，以及高惟的出現。

我對皓宇說，高惟說她是我意識的輪迴轉世。我和高惟約定隔天再見，第二天我在樹林等了一整天，高維卻失約了。

我茫然的說：

「我不確定我知不知道，了不了解究竟發生了什麼。」

皓宇很驚訝：

「妳說什麼？意識的再生？」

我回答：

「是。意識的再生，高惟說與輪迴的槪念極爲相似。」

我繼續說著：

「過去幾天，我一直嘗試說服自己這可能只是我的幻覺。」

皓宇要我把高惟的那封來自未來的電子郵件給他看。看完後，皓宇沉思著。過了一會兒，他說：

「這件事情聽起來匪夷所思，好像是妳的幻覺。但是，首先，這封電子郵件是怎樣通過一個封閉電腦系統呢？」

皓宇站了起來，雙手插在褲袋裡，繞著餐桌走來走去，說著：

「我很確定，昨天晚上，有位女子出現在我的夢中，向我提到時空的陷阱，她應該是高惟。沒錯，她說只有我們可以幫助她，既然我們無法判斷到底是不是幻覺，或許我們先假定，如果這件事情是眞的，我們應該怎麼幫助她。」

皓宇接著問，高惟還和我說了些什麼。我和皓宇解釋，和高惟的溝通，與其說是對話，其實是意識的感知。意識，有自己的身分字號，透過量子糾纏的演算，運用在我原有的模形上，高維找到了連結我們意識的方式，讓我的意識感知到她的意識。

皓宇仔細地聽，然後說：

「我跟妳提過我的特殊經驗。我認爲，目前科學沒有辦法驗證的事情，並不一定不存在，只是科學方法沒有辦法證明而已。現在，不管是不是妳的幻覺，我們想想看，如果高維的出現是眞的，我和你可以幫助她也是眞的，那麼，我們先得想淸楚，無限循環的時空裡是什麼意思，然後才能想辦法解決目前的問題。」

皓宇繼續推論著：

「高惟在沒有出現前，是用電子郵件和妳聯絡，現在她不但沒辦法和妳的意識感知，連電子郵件都沒有辦法發。她說她陷在一個無限循環的時空裡，應該是因爲在一個時空裡，沒有辦法和妳聯絡。」

我不斷地想著，無限循環的時空到底是什麼意思？突然，我想到了：

「啊，我知道1121127是什麼意思了。是高惟和我碰面的那一天，那一天是2027年，11月21日。」

皓宇的眼睛發亮，112127，2027年11月21日。聽起來很像是的。可是這個代表什麼呢？跟無限循環的時刻有什麼關係呢？高惟是想告訴我們什麼呢？

皓宇站起來，到咖啡機上選了一杯double espresso，這是皓宇解題時的習慣。一杯double espresso還沒喝完，皓宇的眼睛突然一亮：

「我懂了，我懂了。2027年11月21日。112127在我夢中不斷重複出現。2027年11月21日你們見面的那一天，高惟是說，她的時間因爲某種原因，留在你們見面的那一天不斷循環。妳覺得我的推理對嗎？」

我也思索著：

「我同意你的猜測。循環的時空，同樣的時空不斷輪迴，不斷重複。」

「她的意念來自未來，從她的時間看來，她回到了過去。跟我碰面後，她必須回到她的現在，我們的未來。她曾說，她是我意識的輪迴轉世。現在，她陷在一個無限循環的時空裡。輪迴也是一種循環。輪迴若眞實存在，本來不就是無限循環嗎？爲什麼會陷在一個無限循環的時空裡？爲什麼我們可以幫助她？」

整個感恩節的下午，我們一直推導各種可能性。

「高惟的意識來自未來，她的科技比我們先進。爲什麼她卻無法解決？」

皓宇說：

「她無法解決而我們可以解決，應該是跟她所說的，陷在時空的陷阱有關。」

問題出在哪裡呢？

感恩節晚餐就在我和皓宇不斷討論中結束。皓宇認爲如果我們對無限循環的輪迴能有進一步的認識，應該會對問題的突破有所幫助。

臨睡前，皓宇自言自語的說：

「希望高惟今天晚上能夠出現在我的夢中。」

Chapter 13

無限循環與無限不循環

感恩節的第二天假期早上。皓宇一早就站在床頭，把我搖醒：

「我夢到高惟了。我強迫自己努力記下夢裡發生什麼事。這次比上次清楚些，高惟說，每次想要聯繫妳，都還是到了原先第一次和妳會面的時間，同樣的時間，同樣的地點，同樣的場景。」

我揉著惺忪的睡眼，感覺很困惑：

「同樣的時間，同樣的地點，同樣的場景？這是什麼意思？」

「記不記得她在前一天所說的時空的陷阱？」

「高惟還說了什麼？」

皓宇抬頭看著窗外，努力思索他夢中理解的意思：

「我想她的意思是，修改程式。」

修改程式？我很驚訝，我有一連串的問題：

「修改什麼程式？修改誰的程式？難道是我的程式？」

驚訝之餘，我有點不高興，為什麼牽拖到我的程式：

「為什麼修改程式可以幫她逃離時空的陷阱？我不懂，這件事情不合理。」

皓宇看著我：

「我也覺得不合理，但是這整件事情本來就不合理，我們還是想想看，朝著妳的程式碼的方向想想看。」

我一邊想著一邊和皓宇溝通，想不通我有邏輯上的任何錯誤：

「可是，輪迴本來就是一個無限循環的時空啊。」

寫程式的人都知道，程式中會發生有難排除的錯誤。程式愈龐大，發生錯誤的機率越大。尤其是一些在程式中程式語言可以接受的邏輯，但卻有出乎意外的邏輯缺失。

高惟是說我的編碼程式或演算模型中有某個邏輯上缺失造成一個無限循環的時空輪迴？

暮色漸漸降臨，皓宇望向窗外夕陽照射下越來越斜的樹的光影，說道：

「輪迴到底是什麼，其實並沒有人眞正探討研究過。人的靈魂輪迴如果是無限循環的，應該有二種型式，一種是無限循，另一種是無限不循環。靈魂，在不同的時間中不斷循環，無限循環是從現在到未來，從未來又回到了過去，過去又到了現在，從同樣的現在又到同樣的未來，呈現一個不斷重複的圓形的無限輪迴；另一種方式是，無限不循環，同樣是無限，靈魂從過去世，到現在世，再到未來，是一個不斷向前推進的線形，而不是無限循環的轉圈子。」

皓宇突然眼睛一亮，接著在紙上畫了一個箭頭組成的圓形圖及一個箭頭組成的線性圖：

皓宇抬起頭來，問我：

「無限循環，與無限但是不循環。妳的演算法中有生成隨機數嗎？」

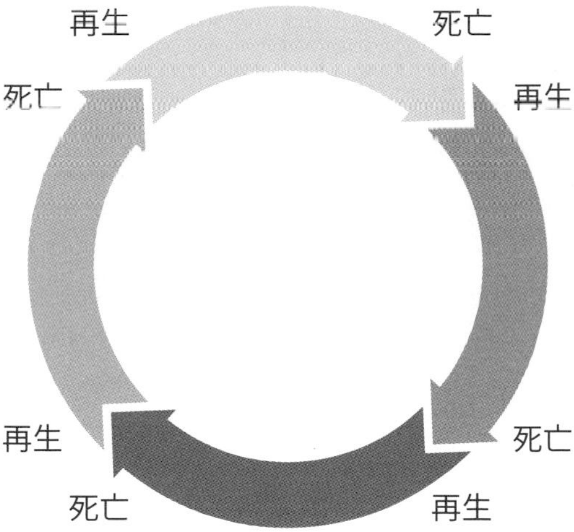

無限循環

隨機數生成是在模型運算時經常使用的方法。我的演算法及程式碼是我耗盡心力的心血結晶，燒成灰我都能把它再拼湊出來，立刻回答：

「有啊！可是，隨機生成器在科學運算上已經用了幾十年，早就證明是正確可靠的方法，不會出錯的啊！」

皓宇這時顯得急切，說話的速度快了起來：

「我們在科學運算上目前所使用的隨機數生成所產生的隨機數，都是有週期的，可以預測的。當運算的數量夠大，它是會循環的，會產生週期的，不是眞正的隨機數。眞正的隨機數是沒有週期，不會循環，無法預測的。而目前運算上所使用的隨機生成，如果是極大量

無限不循環

的計算，它是會循環，有週期，可以預測的。妳的模型運算量極大，在我們時代的運算量其實沒辦法處理，這也就是妳每次模型無法運算的原因。到了高惟的時代，量子計算已經成熟，可以處理比我們的運算大數千億倍的運算。我想，這就是爲什麼我們這個時代沒有發現這個bug的原因。」

皓宇的話，像在我頭上敲了一記悶棍：

「啊！我好像懂了。眞實的世界，宇宙的運行，是不會重複，無法預測的。雖然量子運算先天就具有機率性質的隨機計算模式，但是在處理隨機數時，我自然的用了內建的隨機生成。而內建的隨機生成在極大數量的運算下，是會重複的。於是生出了一個，讓高惟陷落的，循環的時空陷阱。」

皓宇和我決定朝著這個方向修改程式。討論了很久，我們決定放棄現有的任何隨機生成方法，而依據機率圖靈機（Probabilistic Turing Machine）的法則，發展一個新的隨機生成運算。這個是一個相對複雜、相對艱難的任務。皓宇向公司請了一個禮拜的假，我們日以繼夜連續不斷工作了好幾天，終於在星期六，一個禮拜將要結束時，我們完成了這個新的，不會產生循環的隨機數的隨機數生成運算法。

我很快的把模型中參數是用內建的隨機生成的部分找出來，改成我們新寫的參數。雖然忐忑不安，也只能抱著姑且一試的心情。程式碼一修改，經常會出現未預料到的新的bug。我不確定這個修改會不會讓整個演算沒有辦法運行。我把所有相關演算模型及程式碼再檢驗一次，然後開啟演算法。我緊張焦慮緊盯著電腦螢幕，整個運算比平常耗費更久的時間。我們先試驗了運算數量比較小的模型，奇蹟式的，程式順利的跑完了，結果和原先的模型一樣，我試著運行運算數量大的模型，還是和以前一樣的，模型run不動了。

我們很沮喪，我們的嘗試失敗了！我在心裡默默對高惟說，很對不起，我們失敗了，沒有辦法幫助妳。

皓宇也看著電腦跑出來的結果，不知道假設那裡出了錯誤，我們商量應該試試不同的方法，或許和什麼樣的機構或是什麼樣的人連絡，才可以得到幫助。可是有人會相信我們的故事嗎？

Chapter 14 告別

終於再見到高惟，已經是感恩假期後的禮拜天了。

修改演算法程式碼失敗的星期六晚上，我們沒辦法放棄，一直在電腦前推導，看還有沒有其他的可能性。累了，就在旁邊的沙發休息。半夜，皓宇正在沙發上打盹，突然啊的一聲，從睡夢中驚醒：

「關雲，我夢到高惟了！」

我跳起來：

「什麼？真的？她有說什麼嗎？」

「高惟說她終於從時空的陷阱中脫困了。並告訴我們可以在禮拜天的下午在第三號橋邊等她。」

好幾天來所有的疲勞、沮喪、挫折都在一瞬間消失了。我重複說著：

「真的！真的嗎？太棒了！」

皓宇興奮的走來走去，兩手插在褲袋裡，看著我宣佈：

「高惟說我們可以明天下午在第三號橋邊等她。」

三號橋旁，紫楹花在這幾個禮拜中已經全謝了，只剩下光禿禿的樹幹。這次與上次要見高維的心情，有著天壤之別。上一次心中充滿懷疑及緊張，這一次，要和另一個應該是我，但是又不是我的人見面，情緒極為複雜。皓宇則是充滿了興奮之情，一個早上都在想目前關於意識研究的種種障礙，以及可以問高惟什麼樣的問題。

皓宇遠遠看到高維，馬上上前給她一個擁抱。雖然已經有心理準備高維只是一個意識的存在，並不具有實體，但當眞正感覺到擁抱的是一個概念而非實體，皓宇還是露出驚訝的表情，看著自己伸出去又收回來的雙臂。

高惟一貫冷靜，這時也顯得非常開心，她向皓宇說：

「你一定是皓宇吧。謝謝你們。」

我迫不及待的問：

「妳是怎麼脫困的？我們昨天修改了程式，但是沒有用啊！」

高惟解釋：

「皓宇的推論並沒有錯，因爲你們的量子運算尚未成熟，受到運算數量的限制，你們所跑的隨機生成產生的運算，其實是無限循環的。可是由於沒有達到隨機生成的極限，在你們的時代沒有發現有產生無限循環與無限不循環的矛盾。這也就是這個bug沒有被發現的原因。可是在我們的時代，可以處理運算數量幾乎無限大的量子計算機上，就可以run得動了。我們所run的運算是真正的隨機數所產生的無限不循環的運算，而不是不斷循環重複的運算，於是我就可以脫離時空的陷阱了。」

我恍然大悟，昨天就應該想到的！

皓宇接著問：

「到底發生了什麼？時空的陷阱是怎麼回事？」

「和關雲碰面後，第二天我想用同樣的方法，就是用原有模型，加上我的量子糾纏的模型建立的演算，重新和妳的意識產生連結。連結成功後，我又來到了妳的時代，站在紫楹木下，我看到妳遠遠的走過來，穿著和昨天同樣的衣服，同樣的鞋子，我直覺地意識到事情好像有點不對。接著，我聽到妳發出『啊』的一聲驚呼，然後我看到，一隻松鼠突然竄出來，又一溜煙的跑走了。妳被松鼠嚇了一跳，然後妳腳下一陣踉蹌，踢到一個樹根，幾乎跌倒。每一件事都跟我們昨天第一次見面一模一樣，接著，妳開口說道：『我是關雲，妳一定是高惟吧！』照妳的電子郵件，妳來自未來？」

高惟繼續解釋：

「我大吃一驚，連妳開口說的話都和昨天一模一樣，昨天的發生的一切對妳都不曾發生過。這是Déjà vu嗎？從妳的意識中，我讀出在妳的記憶中，昨天發生的一切對妳不曾發生，在妳的意識中，妳還沒遇到過我。於是妳說了和我們第一次見面一樣的話，問了和昨天一樣的問題，我沒有辦法扭轉妳的意識，只能就妳的問題一一回答。我們重複了幾乎是一樣的對話，然後警衛出現了。我終於了解到，我雖然回到了妳的時代，但是我回到的是和妳第一次會面的時間點。結束了談話，我回到了我的時代，我檢查了我的時間，果然如我猜測的，我的時間不是我認知的今天，而是昨天！第二天，我又試了一次，同樣的事情又發生了，松鼠竄出來，妳踢到樹根，幾乎摔跤，同樣的開場白問話，又是過去第一次和你見面的時間點，和我碰面的，依然是第一次，沒有和我見過面的妳！同樣的，守衛又來了，我們只好結束談話。我了解了，這個模型啟動的，是一個只能不斷回到原點的時空，我在啟動了這個模型後，掉入了這個時空陷阱。」

這時我意識到：

「啊，就好像古早黑膠唱片跳針，同樣一個片段不斷重複。」

高惟看著我，點著頭說：

「是，是，我知道黑膠唱片跳針，我在網路中看過。對，情況就好像古早黑膠唱片跳針。黑膠唱片跳針是一段音符不斷重複；時空的陷阱是同樣一段時間，發生的事情在同一個時空中不斷重複。我不斷地回到我第一次和妳碰面的時空中，同樣的時間，同樣的地點，同樣的場景不斷的，重複的出現。每一次都一樣。我的意識在重複出現的時空裡，週而復始循環，我沒有辦法到進入下一個時間點，我沒有辦法突破的這個時空困境，什麼事都做不到。」

高惟繼續解釋：

「時間應該是不斷的往前，意識無時無刻不斷再改變，每天每小時每分鐘每秒都不一樣。妳已經在妳的時間軸上往前走；而我，卻只能和原來的，同一天，同一個時間點的妳產生連結。當我嘗試和妳的意識連接，我連接的是妳在那一個特定時段的意識。當我又回到我的時代，再一次啟動程式，我又回到了同樣的，第一次和妳連接的時間點，我連接的依然是妳在那一個特定時段的意識。」

高惟的臉孔我感覺到有些發白，顯得心有餘悸。高惟頓了一下：

「我不斷推想到底那裡出了問題。最後我推測應該是演算法出了問題。」

我不解的問：

「我們修改的，是在我們這個時代，我們的系統機器上的模型，爲什麼會對妳產生影響？」

高惟進一步解釋：

「當妳修改了參數，對我的時間環境來講，妳是我的過去，過去的改變串連起一系列的改變，我所採用的妳的運算模型也跟著改變。」

爲了解釋清楚，她撿起了一根樹枝，高惟讓我和皓宇的意識感覺到，她撥開地上的落葉，在地上畫出圖形：

這時，一陣陣風吹過，滿地金黃的落葉，被風捲起，盤旋昇到空中，在空中輕盈飛舞，再緩緩落下；隨著高惟在地上畫著圖發出沙沙的聲音，彷彿每一陣風都有了生命，每一片落葉，都有了重量。開啟生命，時間，宇宙奧祕的大門，隨著風吹過樹梢，高惟在地上書寫的沙沙的聲音，在我眼前，腦海中，緩緩展開。

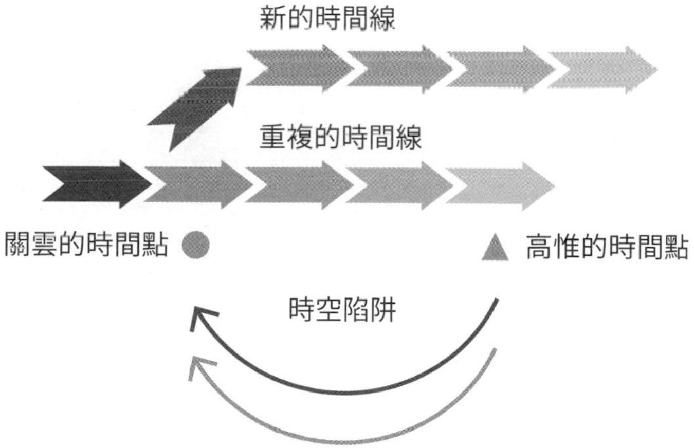

高惟用樹枝指著：

「下方的線條代表我們原先的時間線，假設妳在的世界點是圓形，我在的時間點是這個三角形。我從三角形的時間點回到了妳的時間點，當你們修改了程式的參數，改變了運算模型，於是創造了另一條時間線，改變了未來。」

皓宇說：

「這是平行宇宙的概念？」

高惟回答：

「我想可以這麼說。」

虛數時空

Chapter 15

我想起了皓宇的夢境，以及高惟出現在皓宇的夢中：

「可是妳怎麼出現在皓宇的夢中的？爲什麼妳可以在皓宇的夢中出現，卻不能在我的夢中出現？」

高惟說：

「我在訊息場中和皓宇聯絡的。」

「訊息場？什麼是訊息場？」皓宇驚訝的問。

高惟解釋：

「在你們的時代中，有一位臺大電機系教授，電機博士，認爲除了我們所存在的實體世界，還有一個虛數時空，或說是高智能的訊息場，一個意識的空間，意識與意識交流的世界，也可以認爲是我們所認知的靈界。其實每一個人的腦中，都有一個類似某種App的能力，可以讓意識進入虛數時空，與其他世界的意識溝通。一般的人，這種App的訊息很弱，而有特異體質的人，這種App的訊息很強，意識可以進入虛數時空，並帶回虛數時空的影像，而被大腦覺知。我被困在時空的陷阱中不知道該怎麼辦時，我想到了這個虛數時空。我這種App的訊息很弱，但是我透過量子的模型演算，讓我的意識進入這個虛數時空和皓宇聯絡。」

我很好奇，繼續問著：

「妳最後也在我的夢中出現，是在虛數時空中找到我的意識了嗎？」

高惟回答：

「妳和我都是屬於這種App訊息很弱的人。但是，我是妳意識的再生，我們有一樣的意識符碼。所以最後我終於在意識的訊息場中聯繫到妳的意識。」

從高惟的出現，這段時間的經歷雖然不長，但是我學會逐漸接受相信眼前發生的事，雖然違反我所知道科學：

「爲甚麼要用31和3617兩個數字？爲什麼不直接用1121127的數字呢？」

高惟進一步解釋：

「我們發現，在虛數時空中可以存在的整數，必須是質數。我想告訴皓宇我的時間停留在2127年11月21日。但是112127是一個半質數，就是兩個質數相乘的結果。於是我只好把112127拆解爲31和3617兩個質數。」

質數是構成正整數世界的基礎，半質數是加密訊息的基礎，難道，難道，半質數是解開另一重宇宙的鑰匙？

這時，皓宇問了：

「爲甚麼必須是質數？是和訊息的加密有關嗎？還是和質數的特性有關？」

高惟回答：

「我們也不知道。但是，我們比你們的時代的人更清楚的認識到，我們所生存的宇宙，甚至是七維、八惟的高維宇宙，雖然是無比複雜的，但在複雜中又運行的井然有序。太陽東昇西降，細胞分裂繁殖，春天的繁花，冬日的白雪，這一切美麗的，但又極其複雜的事物背後，都好像有一個規律，一切偶然又好像是必然的。宇宙生命中存在許多規律和常數，我們不知道爲甚麼，也只能接受它們爲公理或宇宙常數，例如，光速、普朗克常數、重力常數、圓周率等等。這個在虛數時空中存在的整數必須是質數，也是其中的一個我們必須接受的規律或定理。」

我和皓宇面面相覷，感覺心有餘悸又覺得萬分慶幸，如果2027年11月21日，112127，不是一個半質數，正好是兩個質數相乘的結果，如果我們沒有想出可能的解法，那麼高惟不就陷落在無止盡的時空輪迴中了！

天色漸漸晚了，冷風撲面吹來，讓我感覺一陣陣寒意。皓宇問高惟：

「我們是不是改變了過去？我們的改變，會不會引起時空悖論？我們改變了過去，也改變了未來？這個時空的改變，會是什麼？」

高惟遲疑地說：

「我也不敢肯定。」

高惟抬頭望向逐漸變暗的天色，說道：

「也許，當我回到未來，可以知道答案？」

高惟想了一下，說：

「可是，我要如何知道過去有沒有不同呢？不同的過去有沒有造成不同的未來呢？我還眞的沒有答案。即使平行宇宙眞的存在，我還得找到穿越不同宇宙中的方法才行。」

這時，遠處傳來樹葉沙沙的聲音，似乎有警衛巡邏。高惟看著我們：

「我必須走了。」

落葉的沙沙聲隨著警衛的腳步聲越來越近，意念中閃過高惟的意念：

「眞的必須走了。我找到答案時，再和你們聯絡。」

這時我想起了，作爲一個意識的解碼者，我有一個不斷拷問我靈魂的問題，在我心中存在已久，我必須要知道答案。

「高惟，等一等，等等，我還有一個問題。若是靈魂是量子，存在宇宙中；意識可以拆解爲一行一行電腦符碼的量子演算，就好像電腦開機，要有驅動程式，是什麼驅動了意識？」

感覺到高惟的意識逐漸遠離，隱隱約約，感覺她說：

「願力，關雲，是願力驅動了意識。」

我們還沒有來得及意識過來，高惟的意識從我們的意識中消失了。

註三：靈界的科學（三采文化集團2018年）李嗣涔

後記

聖誕節過後，我向查理及團隊報告了事情的始末，由於我將本該屬於機密的工作內容告訴了皓宇，等於將機密外洩，我提出辭呈。查理對於我所敍述的事件，抱持懷疑的態度，認爲是由於我工作壓力過大引起的幻覺，但是他對於我違反規定，將工作內容洩露，很不能接受。我很難過造成他的困擾，也一再向他道歉，向他保證一切事情絕不是我的幻想，那封來自未來的電子郵件就是證明。但是意識中心對於那封來自未來的電子郵件，已經認定是一個不能接受的證據。工作團隊提出一連串各種可能的解釋，包括外部駭客的假設，機器故障，還有一種假設是出自我的自導自演，但是就是排除電子郵件來自未來的可能性。查理雖然認爲我應該終會好轉，但是認爲我的精神狀態已不適合工作，我的辭呈獲准。意識中心要求我和皓宇簽下在未來二十年的保密協議，對於意識中心的任何計劃及內容，在未來二十年不得對外透露，對我的洩密不與追究。

事件過後，我回到了台灣，在一個高科技公司擔任程式工程師，不再從事有關意識研究的範疇。皓宇也回到了台灣，繼續研究機器人以及AI相關工作。對於意識的相關問題，我還是很有興趣，只是不再是我的工作。不管曾經發生的事，是我的幻想還是真實存在，我想，放下執著，才能跳脫，從而改變參數。生命的過程，是無數有無限可能的疊加與糾纏狀態的累積。每一個片刻都是下一個狀態的開始。生命中難免有許多遺憾，或許今生的遺憾，是來世的希望與動力。

和皓宇常在周末假日回到那個，小時候有著色彩斑斕的魚群的海邊。海還在，藍天還在，夕陽在海上映出一條條從遠到近迤邐的光。天邊的雲彩，一朵又一朵；拍打的海浪，一次又一次。或許大自然一直在溫柔的，不厭其煩的向我們述說生命的故事。生命的輪迴，好像雲彩，又好像海浪，不斷重演又從不重複。

高惟不再出現在皓宇的夢中，我也沒有再收到任何來自未來的訊息。不知道高惟回到她的時空中，是否一切安好；也不知道我們改變的時空，有沒有影響到她所生存的未來？考慮到可能引發的時空悖論對世界甚至宇宙造成不可逆的破壞，和皓宇商量的結果，我們決定不嘗試啟動任何或許能和高惟聯絡的方式。

和皓宇閒聊。我說：

「在我們解決循循與不循環的參數後，是否有另一個平行世界，循環與不循環的參數沒有解決，於是輪迴還是以無限循環的方式在進行，而高惟還是陷在同樣的時空陷阱中？」

皓宇看著我說：

「即便如此，但是在我們身上，我們不就證明了，一定有一世，有一個宇宙，高惟從時空的陷阱逃脫了。我們遇到了從時空的陷阱中逃脫的高惟，不是嗎？看來，只要我們願意嘗試，在有一世中的某個時空中，一定可突破時空的陷阱而得到回報。」

我看著夕陽墜入海平面，橙黃色的霞光灑滿天邊：

「物質不滅，量子不滅，靈魂不滅。人死後，量子依然存在。人世間愛恨牽掛，若是放不下，在肉體死亡後，靈魂的量子就會處於糾纏狀態，而使下一世仍舊有所牽引，或許這是我們所說的『業』吧。」

我繼續說著我不解的問題：

「即使業力牽引，靈魂不滅，每次看到植物人、失智、癱瘓、老人癡呆、中風患者，我還是很難過，久久無法釋懷。要如何了解他們的意識世界？什麼樣的宏觀角度才能化解他們這一生的遺憾？」

皓宇沉思了很久：

「我也沒有答案。或許我們其實已經在這個，無限循環的輪迴中生生世世，許多許多世代了。無限輪迴中，我們也許都曾陷落在失落的時空或意識中。而在某一個時空，我們終於突破無限循環的輪迴，走上一個會改變的，一直向前的輪迴？」

親情至愛，名利與渴望、快樂與夢想、遺憾與失去，我們一輩子用生命緊緊握住不肯放下的百轉千折、愛恨悲欣，而死亡或讓我們終能把緊握住的雙拳慢慢鬆開，毫無牽掛的，在輪迴中邁向下一個夢想，下一段旅程。

想起高惟，我想，人生並不是一場必定走向死亡荒原的孤寂之旅，努力嘗試，終能突破困境。而未來，值得用幾輩子的力量去等待開花。

面對浩瀚的宇宙及無垠的時空，生命雖終有不可及的事。也許很久很久以前的事，在時空的長流中從未曾遠離。當我們凝神仰望蒼穹，在星空中遙望無限，在無限中想見希望。

國家圖書館出版品預行編目資料

尋找輪迴的密碼／知魚著.　--初版.--臺中市：白象文化事業有限公司，2024.5
面；　公分
ISBN 978-626-364-305-5（平裝）
1.CST: 輪迴 2.CST: 靈魂 3.CST: 意識
216.9　　113003458

尋找輪迴的密碼

作　　者　知魚
校　　對　知魚
發 行 人　張輝潭
出版發行　白象文化事業有限公司
　　　　　412台中市大里區科技路1號8樓之2（台中軟體園區）
　　　　　出版專線：（04）2496-5995　傳真：（04）2496-9901
　　　　　401台中市東區和平街228巷44號（經銷部）
　　　　　購書專線：（04）2220-8589　傳真：（04）2220-8505
專案主編　李婕
出版編印　林榮威、陳逸儒、黃麗穎、水邊、陳媁婷、李婕、林金郎
設計創意　張禮南、何佳諠
經紀企劃　張輝潭、徐錦淳、林尉儒
經銷推廣　李莉吟、莊博亞、劉育姍、林政泓
行銷宣傳　黃姿虹、沈若瑜
營運管理　曾千熏、羅禎琳
印　　刷　基盛印刷工場
初版一刷　2024年5月
定　　價　250元

缺頁或破損請寄回更換
本書內容不代表出版單位立場，版權歸作者所有，內容權責由作者自負

白象文化
www·ElephantWhite·com·tw
印書小舖 PressStore出版經紀
出版·經銷·宣傳·設計
自費出版的領導者
購書 白象文化生活館